U0913799

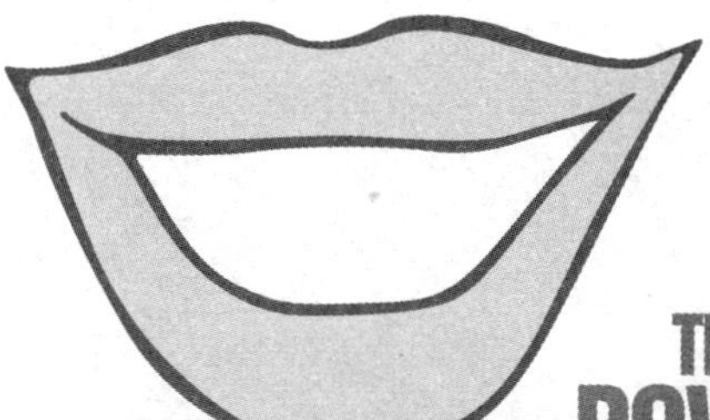

THE
POWER
OF
LANGUAGE

语言的力量

如何用魅力影响和感染他人

（美）**希恩**◎原著　童欣◎编译

中国华侨出版社

图书在版编目（CIP）数据

语言的力量：如何用魅力影响和感染他人／（美）希恩原著；童欣编译. —北京：中国华侨出版社，2013.8（2016.4重印）

ISBN 978-7-5113-3859-4

I. ①语… II. ①希…②童… III. ①语言艺术－通俗读物 IV. ①H019-49

中国版本图书馆CIP数据核字（2013）第186783号

•语言的力量：如何用魅力影响和感染他人

原　　著 /（美）希恩

编　　译 / 童　欣

责任编辑 / 文　慧

责任校对 / 高晓华

经　　销 / 新华书店

开　　本 / 787毫米×1092毫米　1/16　印张 / 14　字数 / 250千

印　　刷 / 北京汉玉印刷有限公司

版　　次 / 2013年10月第1版　2016年4月第3次印刷

书　　号 / ISBN 978-7-5113-3859-4

定　　价 / 32.00元

中国华侨出版社　北京市朝阳区静安里26号通成达大厦3层　邮　编：100028

法律顾问：陈鹰律师事务所

编辑部：（010）64443056　传真：（010）64439708

发行部：（010）64443051

网　址：www.oveaschin.com

E-mail：oveaschin@sina.com

前言

苏格拉底曾经说过："世间有一种能力可以使人很快完成伟业，并获得世人的认识，那就是令人喜悦的讲话能力。"

关于口才的重要性，美国人类行为科学研究者汤姆森曾断言："发生在成功人物身上的奇迹，至少有一半是由口才创造的。"他认为，在一定程度上，一个人的口才比他的才干更重要，能决定他的命运，因为，有能力的人未必有口才。

从本质上说，人与人的交往实际上就是一个不断说服和被说服的过程，每个人要么是说服别人，要么就是被别人说服。如果你不想总是处于被人说服的被动局面，那么唯一的选择就是勇敢地张开你的嘴，去说服别人。

那么，接下来需要解决的问题就是，怎样才能说服别人。要知道，你的说服意愿虽然看起来总是那么美好，但你并不能次次如愿。为什么会这样呢？对此，富兰克林是这样说的："如果你不能说服别人，并不是因为你的观点不好，而是因为你不太善于运用说服的艺术。"

我们从初生就得学会说话，难道说话还需要什么技巧吗？当然，看看你的周围，你就会知道答案了。会说话的人，比如，那些演说家、律师、主持人，他们讲话时总是充满智慧、满含激情、讲究艺术；而那些不善说话的人，也许就是你和我，讲话时总是口无遮拦，也经常因为一些无心之失而事与愿违。

会说话的人，比如那些成功者，他们即使没有侃侃而谈，也能让你感受到他们的魅力；而那些不善说话的人，也许就是你和我，纵然口若悬河，却给人一种废话连篇的感觉。很明显，这样的人根本不可能说服任何人。

卡耐基说："一个人的成功，约有15%取决于知识和技术，85%取决于人际沟通和口才等，综合素质。"这个成功学的公式已经为大多数人所认可，而这举足轻重的85%，恰恰是很多人成功的绊脚石。

用口说话是远远不够的，但还要用心说话，让自己的每句话都有力量，这样才能说服别人所不能说服的人。

真正的说服高手，无论对方的性别、年龄，也无论对方的社会地位有多高，任何客观存在的外部条件都不会成为他们畏缩不前的理由，因为他们对各种说服技巧已经了然于胸，所以，他们可以说服任何人。

你能说服更多人？没错！当你说服了第一个人后，你会发现，说服别人并没有你想象的那么难。但是要知道，任何成功都不会从天而降，没有人会期待被你说服，除非你能保证你已经具备了各种说服技巧：真诚、赞美、自信……

目录

第一章
有效准备，了解对方的心理

中国人有一句古话：“知己知彼，百战不殆。”意思是说，了解自己，了解别人后才能战无不胜，攻无不克。事实上，这个道理适用于任何国家、任何时代、任何场合。说服别人必须建立在了解对方的基础之上，要说服一个人，就首先必须透彻地了解对方，了解得越全面、越彻底，成功的几率就越大。

良好的第一印象让你大受欢迎

引言 如果你有幸向著名的说服专家请教他们成功的秘诀，他们一定会给你这样的答案：任何成功的说服都是建立在了解的基础上的，不切实际的、毫无准备的说话只会让你品尝失败的苦果。

心理学家研究后发现，形成第一印象只需要4分钟。甚至还有专家认为4分钟太长了，形成第一印象只需要“6秒钟”。还有一些研究人员甚至认为“0.1秒就足够了”。

但是，在几秒钟之内形成的只是“喜欢或者厌恶”等大致印象，而形成清晰、完整的第一印象还是需要大约4分钟的时间。如果你不能在这4分钟内展现自己的最大魅力，别人对你的印象就已经固定了。

因此，着装习惯在说服的过程中就显得尤为重要。如果留给他人的第一印象好，往往预示着说服成功了一半；而如果给他人留下的第一印象很差，说服的前景就不太乐观。不要怀疑，事实就是如此，因为第一印象本身就是一种强大的说服力。

1. 服饰：思想和品位的折射

一位总统说过："当你出现在他人面前的时候，即使别人不认识你，但从你的服饰外表他们就可以看出你的经济状况、受教育程度、可信任程度、社会地位、成熟度、家族经济状况等。"

古往今来，服饰一直是民族文化的象征，不同的国家、不同的民族都有独特的服饰。但对每个人来说，一个人的着装就是一个人的文化修养、审美情趣、气质内涵的"明信片"。一个着装得体的人，总能给他人留下良好的印象，从而提升自己的说服力。

有人说："衣服不利索是精神懈怠的表现。"有人说："外表的整洁和文雅应当是内心纯洁和美丽的表现。"还有人说："很难想象，一个肮脏、马马虎虎的人，能注意自己的行为。"服饰是否得体往往直接决定了第一印象的好坏，事业上有所成就的人虽然不乏不修边幅之人，但大多数人更喜欢与着装整洁的人交往，因此，注重仪表的人，说服他人的成功率比不修边幅之人高得多。

心理学家塞肯曾召集了68名学生志愿者，吩咐他们每人跟四位行人谈话，请求他们支持一个反对校内早餐供应肉类的团体。在跟行人接触前，研究人员对每位志愿者的各种情况，如：外表是否漂亮，口齿是否伶俐，能否令人信赖，能否说服人以及智力高低等，一一进行了鉴定。结果发现，在相同的条件下，外表漂亮者一般比不大漂亮者更为成功。

2. 妆容：女人的秘密语言

妆容，对一个人的整体形象起着非常重要的衬托作用，妆容恰到好处的人，总是能给人留下完美的第一印象。一个人的妆容往往会透露一个人的性格，有助于你在说服他人时做到胸有成竹。

一般来说，喜欢淡妆的人大多没有强烈的表现欲望，不太喜欢在公共场合抛头露面。她们最希望得到的是别人的尊重，最痛恨别人对她们的隐私穷追猛打；喜欢浓妆艳抹的女人正好和喜欢淡妆的女人相反，她们自我意识强烈，个性张扬，最希望得到的是别人的肯定，有时会做出一些大胆甚至过激的行为；不化妆的女人更注重内在修养的培养，她们个性独立，往往能坚持己见。

一个人的妆容，主要是由其主观思想决定的。不同性格、不同喜好的人，要用不同的说服方法。

3. 鞋子：传达心声的桥梁

有人说，一个人的秉性和品位，可以从他的鞋子上看出来。在童话故事《灰姑娘》里，王子就是通过水晶鞋找到灰姑娘的。而英国女性竟然把鞋子当做择偶的首要标准，只看对方的鞋子就能确定对方是不是自己的理想伴侣。

喜欢穿正统黑皮鞋的男人大多比较传统，性格坚强，坚守自己做人做事的原则，几乎不会为别人而改变；喜欢穿运动鞋的男人大多积极乐观，待人亲切自然，喜欢自由自在的生活；喜欢穿休闲鞋的男人性格温和，品位十足，主观意识非常强，常常会有先入为主的想法，和他们交往时尤其要注意第一印象。

喜欢穿高跟鞋的女人成熟大方，性格坦诚，对自己和别人的要求都非常高，常常会给别人带来很大的压力；喜欢穿休闲鞋的女人自我保护意识强烈，很少向他人袒露心思，但其实内心非常脆弱，所以给人的感觉是时冷时热；喜欢穿凉鞋的女人大多很自信，敢于展示自己最美的一面，但过分执拗让她们变得不太好相处。

4. 领带：男人的个性写真

男人的领带和女人的丝巾一样，都是展现个性的方式之一。领带来源于欧洲，最早是女人为了防止丈夫在吃饭时把衣服弄脏而挂在他们胸前的一块布，可以随时用来擦嘴。后来，领带演变为男人服装的重要装饰。

喜欢条纹领带的男人性格谨慎、保守、踏实肯干，因此深得他人的信赖，人缘很好，但往往缺乏冒险精神，而且非常执拗；喜欢大图案领带的男人性格开朗、爱好新鲜事物，但不够沉稳；喜欢水珠花纹领带的男人成熟稳重、浪漫多情，具有一种让人无法抗拒的迷人魅力，但往往会过于自信；喜欢名牌领带的男人非常在乎别人的目光，领带就是他们炫耀身份的一种标致。

5. 手提包：小空间有大秘密

手提包真正的价值，准确地说，是从它被人购买的那一刻才开始体现的，会在某种程度上泄露主人的秘密。

喜欢公文包的人大多小心谨慎，进取心强，对自己和他人的要求都非常高；喜欢休闲包的人很懂得享受生活，非常随意，随遇而安；喜欢超大型手提包的人自由散漫，责任感不强；喜欢方形手提包的人比较敏感脆弱，在遇到困难或挫折时缺乏必胜的信心，很容易做出让步。

说服是从第一眼开始的。如果你有幸向著名的说服专家请教他们成功的秘诀，他们一定会给你这样的答案：任何成功的说服都是建立在了解的基础上的，不切实际的、毫无准备的说话只会让你品尝失败的苦果。

如何建立良好的第一印象

（1）我们无法选择我们的外貌，但我们可以尽可能让我们看起来更亲切、更和蔼。而这样的人，是任何人都无法拒绝的。

（2）在两个人见面后的短短4分钟内，第一印象已经深深地刻在了我们心里，几乎很难改变。建立良好的第一印象，对你的说服至关重要。

务必让你的谈吐更优雅

引言 无论你是谁，无论你从事的是什么样的工作，在你开口说第一句话之前都应该确保此刻的你正好显得优雅大方。优雅的谈吐，不只是对女性独有的要求，而是所有人登上事业巅峰的一种必备质素。

巴尔扎克说过："细腻与风雅原是朴实的人必然具备的长处，这会使他的谈吐更耐人寻味，不亚于主教的辞令。"哈佛大学前校长伊力特也说："在造就一个有教养的人的教育中，有一种训练是必不可少的，那就是，优美而文雅的谈吐。"在与人的交往过程中，言谈举止代表着你的个人素质，时时反省、检视自己的言谈举止，才能让对方对你有好印象。

谈吐优雅的人，必定是谦恭的，他们嘴里永远不会出现蔑视、轻佻等令人不悦的字眼。无论是在生活中还是在工作中，谈吐优雅的人都能吸引更多人的目光，得到更多人的尊重和赞许。谈吐优雅其实本身就是对他人的尊重，只有付出了尊重的人才可能得到对方回馈的尊重。

兰道尔说："有礼貌不一定总是智慧的标志，但是不礼貌总使人怀疑其愚蠢。"叔本华说："礼貌之于人性如同热量之于蜡烛。"威温特说："彬彬有礼是高贵的品格中最美的花朵。"由此可见，具有优雅的谈吐的人一定是礼貌的，而礼貌对很多人而言是比智慧和口才更重要的品德。善于说话的人，不但能在陌生人面前建立良好的第一印象，还能广结善缘，处处受人欢迎。

一位很有名的剧院经理来拜访大仲马。一见面，他连帽子也没摘下，就生气地大声质问这位剧作家为什么把最新的剧本卖给一家小剧院的经理。大仲马坦承有这么回事。这位经理于是开了一个远远高于他的竞争对手的价钱，想把剧本买回来，大仲马笑了笑说："其实，你的那位同行只用一个很简单的方法，就以很低的价格把剧本买走了。"

"到底是怎么回事？"

"因为，他以与我交往为荣，并且一见面就摘下了帽子。"

谈吐优雅的人，往往会受到各种机遇的青睐。曾有人专门做过这方面的调查，结果显示，一个人的谈吐如何，决定企业是否愿意聘请他工作、与之交往，或是否愿意投他信任的一票与之发生商业关系。没有任何人会喜欢一个满口脏话、行为举止粗俗的人，包括他们自己在内。在我看来，和这样没有素养的人交往，实际上是在无形中降低自己的格调，是对自己不负责任的一种表现。

没有金钱，没有地位，没有智慧，都不会对你的人生造成太大的不利影响，但是没有礼貌会让你陷入失败的泥沼。学会礼貌待人，在尊重别人的同时你会发现自己也正被别人尊重着。

不得不承认，有成就的人顶多会赢得众人的艳羡，但真正获得众人的赞赏和由衷的钦佩的人是那些才能与品德兼具的人。伟人之所以成为彪炳史册的伟人，绝不仅仅是因为他们做出了永载史册的壮举，更重要的是因为他们所具有的高尚的品德。

礼貌用语和谦词是体现一个人优雅谈吐的最佳途径。在我们国家，人们说得最多的一个字是“请”，无论做任何事都要在前面加一个“请”，比如请坐、请讲、请看。据说，在发电报时，人们宁可多付电报费，也绝不省掉“请”字，因此“请”字每年都会为电话总局带来1000万美元的收入。英国人说话时总是少不了“对不起”，就连英国警察在处理违规司机时也会先微笑着说一句“对不起”。简简单单的几个字，却如同被施了魔法般，创造了一个又一个交谈奇迹。说的人不费事也不费力，听的人开心，怎么看都是一笔划算的生意。

优雅的谈吐是说服成功的开始，因为事情的成败在第一印象形成的那一刻就已经成了定局。如果你的言谈举止得体、谈吐优雅，会在你说服他人的过程中起到推波助澜的作用；相反，如果你行为不当、谈吐拙劣，很快就会因为自己不会说话而被迫提前出局。正如洛克所说：“凡是一个能够受到大家欢迎的人，他的动作不仅是有力量，而且要优美，坚实是不够的，就是有用也无济于事，无论什么事情，必须具有优雅的办法和态度，才能显得漂亮，得到别人的喜欢。”

▶▶ 怎样才能让你的谈吐更优雅

（1）事实证明，多使用敬语和谦辞，能让你显得更优雅，获得更多人的喜爱和尊重。

（2）如果你没有高贵的出身和体面的工作，而你又想让自己大受欢迎，有一个很好的方法——态度诚恳，谈吐优雅。

（3）为了让你的谈吐更优雅，你必须用更多的知识武装你的大脑。

不说话的艺术

引言　你的体态会影响到对方对你的判断，因此，请尽量让你的体态表现得自然而友好。从来没有人说哪一种体态是最好的，很简单，最好的体态其实就是最自然的。

柯恩登在自己所写的《林肯传》中对林肯进行了以下描述：

“林肯更加喜欢用脑袋来做姿势，他会经常甩动头部。当他想要强调某个观点的时候，这种动作特别明显。有时，这种动作会戛然而止……随着演讲的进行，他的动作会越来越随意，最后趋于完美。他有完全属于自己的自然感和特点，这使他变得很高贵。他瞧不起虚荣、炫耀和做作……有时为了表示喜悦，他会高举双手大约成50度，手掌向上，看起来好像要拥抱那种情绪。当他想表现厌恶时，比如对黑奴制度，他就会举高双臂、紧握拳头，在空中挥舞，表现出强烈的厌恶感。这是他最有效的手势，表现了他最坚定的决心，看起来他好像要把这些东西扯下来烧了一样。他总是站得很规矩，双脚并拢，绝不会前后不一，也绝不会倚靠任何东西。在整个演讲中，他的姿态和神态的变化并不大。他从来不会大声咆哮，也不会在台上来回走动。为了放松双臂，他有时也会用左手抓住衣领、拇指向上，而只用右手来做手势。”

虽然并不是任何人都能像林肯一样展现出如此丰富的肢体语言，但你时刻都要注意你的姿势。你的表情、身体姿势和手势，一起构成了肢体语言。作为一种“不说话”的语言，肢体语言更具有丰富的意义和说服效果，成为你个性魅力的战士，并作为你独特的形象深入人心。

1．面部表情

罗曼·罗兰说：“面部表情是多少世纪培养成功的语言，比嘴里讲的更复杂到千百倍的程度。”面部表情是表示内心情感的最敏感的身体语言，美国学者戴维斯在他的《怎样识别形体语言》一书中指出：“信息总效果=7%文字+38%声音+55%面部表情。”

一位著名人类行为学家曾说过：“人类有两种表情，一种是脸上所呈现的表情，另一种是说话时传达给对方的信息。”语言和表情同样传达着人类的内心情感，你的说话技巧是否高明，从一两句对话中就能看清楚，没有魅力的语言会使人昏昏欲睡，甚至想得失忆症，洗掉脑中你的存在。

自然的表情往往会给人们留下深刻的印象，也是优雅风度的重要组成部分。一个善于利用自己的表情表达美好情感的人，明显比不懂这一技巧的人更具魅力，能给人带去更多的美感。在说服他人时，建立在尊重和理解的基础之上的令人愉悦的表情，能为说服者增添无穷的魅力，从而增加其说服力。

微笑是所有表情中最美好、最吸引人的表情，很多时候，一个善意的微笑，能化解陌生人之间的隔阂，能缓解冲突和尴尬。微笑是你无往不利的武器，适用于任何时候、任何人。

保持一种轻松、愉悦的表情，这样就不会让人产生“你必须接受我的意见”的感觉。在别人接受我们意见的同时，也会是一种愉悦的心情。

2. 身体姿势

当你面对面和他人交谈时，就必须注重坐姿。良好、得体的坐姿，不仅体现了你的风度和内涵，更能表明你对正在谈论的话题感兴趣的程度。一般来说，如果你坐下来的时候，玩弄衣服、头发或其他东西，会让人觉得你不够稳重、没有自制力，就会因此而对你的说服力产生怀疑。

无论在什么场合，无论你的说服对象是谁，你都要永远保持一个尽可能让你显得自信的姿势：挺起你的胸膛，大声地表达出你想说的话。

3. 手势

手是人类身体最灵活的部位，手的表情——手势使人类的肢体语言具有最丰富的内涵。手势是最自由和最强有力的体态语言，手势语言因此被称为人类的“第二语言”。作为个性展示的一种方式，手势并没有统一的标准，比如，每个人必须用什么手势，什么时候应该用什么手势。

实际上，每个人的手势都是由自己的思想和兴趣决定的，完全是发自内心的。手势，没有对错之分，没有合适与否之分，只要是符合个人身份的，符合场合的，能更好地展示个人的魅力的，就是正确的、好的手势。

在讲话的时候，政治家布莱安经常会伸出一只手，把手掌摊开；格雷斯顿经常拍桌子或踏地板，发出甚大的声响；罗斯伯利则会高举右臂，然后用力地向下挥动。这些演说家都具有深邃的思想和坚定的信念，都使他们的姿势强而有力、出于自然。

两千多年前，马其顿国王亚历山大在远征的途中，由于断水，全军面临崩溃的危急形势。国王在战马上作鼓动演说：“勇敢的将士们，我们只要前进，就一定会找到水的。”只见他右臂向正上方高高举起，张开五指，而后迅速有力地挥下，在场的人无不感到深信不疑。讲到“壮士们，勇敢前进吧！”他右手平肩往后收回，然后迅速而有力地将五指分开的手掌猛地推向前方，给人一种锐不可当、勇往无敌的坚定气势。

可见，恰当的手势不仅有助于表达情感，而且有很大的包容性，往往是“此时无声胜有声”。

在交谈或说服的过程中，可以适当地做一些手势，有助于实现你的谈话目标，但是手势的幅度不能太大，过分夸张的表现其实是一种不礼貌的行为，会在无形中影响你在对方心目中的形象，从而影响说服效果。

不说话的语言更具说服力

（1）你的体态会影响对方对你的判断，因此，请尽量使用积极的体态。

（2）最自然的姿态就是最正确的，注意不要使用做作的姿态或表情。

（3）愉快的面部表情使你看起来诚实而友好。

永远保持明确的方向

引言 说服别人，首先要说服自己，永远不要奢望一个不明白自己内心的真正诉求的人会成为说服高手。如果你知道自己真正的意图，并能准确无误地让他人明白，那就证明你已经迈出了说服的漫漫长路的伟大一步。

要想说服别人，你必须先有一个清晰的目标。也就是说，你必须明白自己想要说服对方做什么。如果连你自己都不清楚自己内心的诉求，即使在你看来再充分的理由，在说服别人的过程中也会显得苍白无力，不仅无法说服别人，就连你自己都会觉得很牵强。而明确的目标往往能催生无比的信心和决心，激励你想尽一切办法去说服你想要说服的人。

梦想和愿望是一种相对虚幻的说法，每个人一生中都会有各种各样的梦想和愿望，最终通过自己的努力实现了自己的梦想和愿望的人就是我们常说的成功者，因为他们把虚幻的梦想和愿望变成了白纸黑字的目标。目标，一定要写在纸上才行，任何没有付诸行动的目标都只能算是不切实际的胡思乱想。

一所著名的大学曾针对毕业班做过一项实验，结果只有3%的人明确写下了自己的人生目标。后来，研究人员一直对该毕业班的人员进行追踪调查，20年后，这3%的人明显比另外97%的人经济状况更好，取得的成就更大。经过粗略的计算，这3%的人的财富约为97%人的33倍。

之所以会出现这种情况，主要是因为大多数人并不知道自己想要什么，甚至从来没有花时间思考过这些问题，因此，他们的目标只停留在胡思乱想的阶段。事实上，即使你已经强烈地意识到自己想要改变，也清楚是出于什么理由，也未必会立刻展开行动。

还有一种情况，我们盲目地追求大多数人追求的事物，甚至不惜付出巨大的代价，到头来却发现其实我们并不想要我们本以为想要的东西。而在遇到无法解决的难题时，我们最直接的反应往往是逃避，于是就会创造一个虚假的、违背我们的内心意愿的渴望。比如，当工作进入瓶颈时，女性会冲动地想到辞职回家当一名不看人脸色的家庭主妇，男性则会设想自己出去开公司当老板，结果却不了了之了。我们的念头就像从天而降的机遇一样，总是一闪而过，如果不主动地伸出双手去拥抱，只能眼睁睁地看着它们一闪而过，转瞬即逝。换句话说，我们的问题并不是缺乏动机，而是没有搞清楚自己究竟想要什么。

很多时候，我们不愿意承认自己的真实意愿，就胡乱地把周围人的意愿转嫁到我们身上，比如，我们的父母、朋友、亲人。要知道，没有任何人的意愿能比你自己的意愿更适合你，我认为这就是你至今无法成功的根本原因。下面这个练习或许能帮你开启隐藏在你内心深处的那把锁，让你知道自己真正想要的东西。

1. 写出你想要做的某件事，最好是一个具体的行动

如果你的目标是减肥，接下来你可能会“严格遵循医生的建议，制定合理的饮食习惯，并坚持适量的运动”。如果你的目标是挣钱，接下来你可能会“拜访更多的客户，将更多的时间用在工作上”。如果你的目标是尽快有自己的孩子，接下来你可能会“坚持规律的作息习惯，戒掉不好的生活习惯，让自己的身体变得更健康”。记住，具体的行动更能激发我们去实现目标的信心，而模糊的笼统的行动会让我们觉得无所适从，像无头苍蝇一样乱撞。

2. 拿出一张白纸，写出这样一个问题：我为什么想减肥

虽然现在大部分人已经习惯了用计算机写作，但不得不承认，用笔写下来的方式更有助于加深印象，更容易触及我们内心的真实情感。

3. 以最快的速度写下你认为最充分的理由

最大限度地开动你的脑筋，写出你能想到的所有理由，直到你觉得无话可说为止。暂停思考一下，等你有了新的灵感再继续写。如此反复，确定你真的已经无话可说了。

这个简单的练习非常有助于挖出你内心深处的真实情感，让你真正地了解自己想要什么。如果做到了这一点，你会发现目标明确会在无形中提高你的说服能力，让你变成无往不利的说服高手。

一个没有明确目标的人想要说服别人，无异于打一场无把握之战，即使最终成功了，其中的过程也必定是险象环生、麻烦不断。而真正的说服高手，必须知道自己想要达到什么目标，还要能准确地衡量自己与这个目标的距离，并付诸实施。任何空谈最终只会沦为空想，毫无价值。

如果你将命运牢牢地握在手中，如果你专注于目标，就会产生一种内在的强大的自信，清楚地知道下一步该做什么，不该做什么。一旦拥有强大的自信，就会散发出一种让人信任、信服的气质，让说服变得更简单，否则就可能变主动为被动，从说服者变成被说服者。

成功地说服他人，并不取决于你的技术水平和专业知识如何，也不取决于你试图推销的产品、服务或观点的优点何在。你的成功主要取决于你将产品、服务或观点转化为对对方的好处的本领如何。因此，你的最大挑战就是搞清楚听众的喜好以及他们独特而往往又“奇怪”的思维方式。无论你面对的说服对象是谁，你都要清楚你的目的何在。这才是说服的关键，可以说直接决定了说服的成败。

你真的了解自己吗

（1）你想说服谁？这个看似简单到不行的问题，其实是你征服一个又一个说服难题的导向。

（2）你为什么想说服他？在说服之前，你必须确定自己已经百分之百地知道了这个问题的答案，否则这恐怕会阻碍你的成功。

（3）你说服他的理由是什么？理由是说服人成功最关键的因素，只有充足、动听的理由才能令人信服。

迅速把握对方的心理

引言 当你想说服某人放弃某件事时，最好的办法就是强化与之相关的消极感受；如果你想说服某人接受某件事，最好的办法就是强化与之相关的积极感受。

美国心理学家马斯洛的需求理论认为，人们的需求尽管千差万别，但仍然存在某些共同的需求，即生理的需求、安全的需求、社会的需求、尊重的需求、自我实现的需求。说服者只要根据对方的心理特点和马斯洛的需求理论，满足了对方的心理需求，就能成功地说服对方。

有一位优秀的管理者曾经说过："假如客户很会说话，那么我就有希望成功地说服对方，因为对方已讲了七成话，而我们只要讲三成话就足够了。"福特也说："假如有什么成功秘诀的话，就是设身处地替别人着想，了解别人的态度和观点。"

一位著名说服专家说，说服其实很简单，只要掌握了被说服者的心理，真正懂得他们的心理需求，每个人都能成为说服专家。聪明的说服者，在说服他人之前一定会对说服对象进行细致、全面的了解，这样才能争取在最短的时间内用最简洁的言语与对方产生共鸣，从而甘愿向你敞开心扉。

有一次，美国钢铁公司总经理卡里对美国著名房地产经纪人约瑟夫·戴尔说：“约瑟夫，我们钢铁公司的房子是租别人的，我还是想有座自己的房子。”此时，从卡里的办公室窗户望出去，只见江中船来舶往，码头密集，显得繁华热闹。卡里接着又说：“我想买的房子，也必须能看到这样的景色，或是能够眺望港湾的，请你帮我找一所合适的。”

约瑟夫·戴尔花了好几个星期的时间来琢磨这件事。经过认真的筛选，最合适的房子有两座，都在卡里钢铁公司附近。其中一座离卡里钢铁公司最近，从那里可以看到卡里喜欢的景色。但是卡里似乎更想买隔壁那座造型时髦的房子，他的很多职员也很喜欢那座房子。

当卡里第二次约约瑟夫商讨买房子的事情时，约瑟夫却出人意料地劝他买下钢铁公司正在租用的那幢旧楼房，因为隔壁的那座房子能看到的景色很快就要被一所计划中的新建筑遮蔽了。

卡里毫不犹豫地拒绝了，声称他对这所旧房子一点兴趣都没有。约瑟夫一言不发，认真地倾听着，思考着他到底想怎样。约瑟夫看出来，卡里反对买旧房子的理由并不充分，因为这并不是他本人的意愿，而是职员们的意见。

约瑟夫听着听着，心里也明白了八九分，知道卡里说的并不是真话，他心里实在想买的，只是别人占据着的那所旧房子。

由于约瑟夫一言不发地静静坐在那里听，没有反驳他，卡里也就停下来不讲了。于是，他们俩都沉寂地坐着，向窗外望去，看着卡里非常喜欢的景色。

约瑟夫曾对人讲述他运用的策略：“这时候，我连眼皮都不眨一下，非常沉静地说：‘先生，您最初来的时候您的办公室在哪儿？’他沉默了一会儿才说：‘什么意思？就在这所房子里。’过了一会儿，我又问：‘钢铁公司是在哪儿成立的？’他又沉默了一会儿才答道：‘也是这里，就在我们这间办公室里。’他说得很慢，我也不再说什么。就这样过了5分钟，简直比15分钟还漫长。我们都默默地坐着，眺望着窗外。”

“终于，他兴奋地对我说：‘我的职员差不多都主张搬出这座房子，但这是我们的发祥地，我们差不多可以说是在这里诞生、成长的，确实应该在此永远长驻！’于是，在半小时之内，这件事就办妥了。”

并没有利用欺骗或华而不实的推销术，也没有炫耀许多精美的图表，这位房屋经纪人竟然就这样完成了他的工作。他从卡里的谈话中看出了他的心思，像一根燃火引柴的人一样以微小的星火点燃了卡里内心燃烧着的熊熊烈焰。

原来，约瑟夫·戴尔经过集中全部精神考察卡里心中的想法，根据考察的结果，很巧妙地刺激了卡里的隐衷，使其内心的想法完全透露出来。

成功的销售员都有这样的经验：要顾客买你的商品，就要对顾客的性格有所了解，否则就会像盲人摸路一样，到处乱撞。一个不小心闯进了顾客的禁区，就会引起顾客的反感和厌恶，从而导致销售的失败。

包括联邦调查局和知名国际公关公司在内的许多谈判高手都表示，要说服一个人，口才是重点，攻心是关键。这里所说的攻心，指的其实就是了解对方的心理需求。

凡是到牡蛎湾拜访过西奥多·罗斯福的人，无不对他广博的知识感到惊讶和佩服。无论是对方是牧童、商人、纽约政客，还是外交家，罗斯福总能找到合适的话题。罗斯福是怎样做到的呢？实际上，罗斯福每接见一位来访者，都会在前一天晚上阅读有关这位客人特别感兴趣的东西，从而找到令人感兴趣的话题。

受性格、爱好等因素的影响，每个人都有不同的心理需求。即使是同样的心理需求，每个人能接受的说话方式也不尽相同。因此，如何了解每个人的心理需求，就成了说服者必须具备，并且是最基本的才能。比如，要和一个母亲搭话，最好的办法就是夸赞她的孩子，这对母亲来说是最大的赞美，甚至超过了对她本人的赞美。

当你想说服某人放弃某件事时，最好的办法就是强化与之相关的消极感受；如果想说服某人接受某件事，最好的办法就是强化与之相关的积极感受。

不看谈话对象，不了解对方的心思，一味地高谈阔论的人是最愚蠢的。聪明的人总会在沟通前对对方的情况进行全方位的了解，知道对方最在意或最忌讳的事情是什么，从而清楚自己该说什么、不该说什么，这样才能获得最佳的沟通效果。

如何寻找最佳突破点

（1）了解对方的性格。不同性格的人，接受他人意见的程度也不一样。

（2）了解对方的长处。谈论对方最得意的事，既要表现你对他的信任，又能燃起对方说话的热情。

（3）了解对方的兴趣。每个人都喜欢谈论自己最感兴趣的事，从这里入手，更容易达到说服对方的目的。

（4）了解对方的想法。只有了解了对方的真实想法，才能对症下药，成功说服。

读懂对方“说不出的秘密”

引言 如果你想了解一个人，不是去听他说出的话，而要去听他没有说出的话，因为说出来的话往往并不是他的真实意图。

培根说过：“谈话应当像一片宽广的田野，人们可以在里面东西行走，而不应当像一条大道，直达家门。”黎巴嫩诗人纪伯伦也说过：“如果你想了解一个人，不是去听他说出的话，而要去听他没有说出的话。”

很多时候，人们在表达自己的思想或感情的时候，不会直接表明，而是选择用一种较为隐晦的说法代替。尤其是在对方犯错时，这种委婉地指出错误的方法更容易让人接受。如果你不够聪明，不明白说话人真正的意思，就会增加说服的难度，甚至招致他人的反感。

1887年3月8日，美国最富有口才的牧师、演说家亨利·华德·毕切尔去世了。在下一个星期日，莱曼·阿伯特应邀向那些因毕切尔去世而伤心不已的牧师们演讲。他急于取得成功，把演讲词改了又改。然后他将演讲词读给妻子听，但是演讲词写得并不好，真的很糟糕。如果他的妻子缺乏见识，她可能会这样说："莱曼，糟极了，绝对不能用。你会让那些听众都睡着的，那听起来像一本百科全书。你传道这么多年，应该能写得更好。天啊！你为什么不像一个普通人那样去讲呢？你为什么不自然点儿？你如果念那篇东西，一定会砸自己的台。"

如果她是这样说的，结果怎样可想而知。是的，她知道这样的结果。所以，她换了一种方式："亲爱的，如果这篇演讲词寄给《北美评论》，一定是一篇极好的文章。"

莱曼·阿伯特当然满心欢喜地接受了妻子的意见，你认为他会真的把自己的演讲稿寄给《北美评论》吗？不，阿伯特将他精心准备的底稿撕碎，后来连大纲都不用，很自然地作了演讲。阿伯特的妻子称赞了他的演讲词，同时又很巧妙地暗示丈夫不能用这篇演讲词去演讲，阿伯特当然知道这点，所以他照妻子的意思做了。

凯特太太买了一件新衣服，她觉得自己穿着非常合身，事实上，是商店的营业员认为她穿着很合身。在营业员的赞美声中，凯特太太毫不犹豫地买下了这件衣服，丈夫一回家，她就迫不及待地向他炫耀。

"亲爱的，我今天买了一件漂亮的衣服。你看，多好看啊！"

"好的，让我仔细看看。亲爱的，没错，的确很漂亮，但这件衣服似乎更漂亮。"

"你说什么？你的意思是我很丑？"

"我没有这样看，我的意思是你们都漂亮。"

事实上，凯特太太长得非常胖，但如果凯特先生据实以告，后果将不堪设想。但不管怎么说，凯特先生的聪明机智救了他：为了他的赞美，凯特太太破例准备了一顿异常丰盛的晚餐。

运用含蓄的语言进行委婉、间接的劝服，最能达到理想的效果。但含蓄不是似是而非，故作高深，含蓄的目的，是让对方听出"言下之意"、"弦外之音”，从而达到讲话的目的。如果将含蓄理解为闪烁其词、躲躲闪闪，与含蓄的宗旨就背道而驰了。在鼓舞斗志、交流思想的当众讲话中，言辞还是坦白、直接点好。讲话太含蓄会让人觉得你太虚伪、做作，反而听不懂你讲话的目的何在。而对于新闻发布、辩论等类型的当众讲话不妨含蓄一点，多用“弦外之音”。

会说的人更要会听

（1）一个只顾着自己喋喋不休的人，必然会忽视对方的想法，听不见别人在说什么，看不见别人的表情，没有谁会愿意接受这样的人的说服。

（2）一个听不出别人话外音的人，在别人看来一定是愚蠢的、可笑的。

第二章
征服其心，用你的魅力让对方归服

一个人，如果心情是快乐的，那么他的脸上必定会露出动人的微笑，他的身上必定会散发出令人愉悦的气息。一个人，如果心情很郁闷，那么他的脸上浮现出来的一定是令人窒息的苦闷，嘴巴里吐出来的一定是抱怨和叹息。很明显，说服快乐的人比说服郁闷的人要容易得多。打动不是目的，说服才是真理，但是如果能让对方高高兴兴、心悦诚服地接受你的说服，不是很好吗?

始终保持积极向上的心态

引言

成功源自积极的心态，而建立信念的最佳方法就是自我暗示。许多有真才实学的人，终其一生却少有所成，其原因在于他们深为令人泄气的自我暗示所害。

所有的暗示和自行实施的刺激，通过五种感官而到达大脑，都可以称为“自我暗示”。自我暗示，简单地说，就是对自己的暗示。它是一种沟通的媒介，介于产生信念的意识部分与产生行动的潜意识部分之间，是意识与潜意识之间互相沟通的桥梁。

自我暗示的正作用是训练我们如何增进自信心、如何从失败中体验成功、如何克服恶劣的情绪等。心理暗示，有积极的心理暗示和消极的心理暗示之分。积极的心理暗示其实就是对内在的自我说：“我一定办得到。”调查结果表明，善用积极的心理暗示的人，事业上都取得了一定的成功；相反，如果一个人总是在心里给自己消极的心理暗示，认为自己无法像别人一样成功，无法像别人一样优秀，那么，即使他天赋异秉，也不会有大的作为。

一个人为了使别人能够相信，而一直重复诉说一件事情，到最后，他自己往往也会相信这种说法，而且不管这种说法是真是假，都会产生相同的效果。因此，如果你要说服一个人，就要时时刻刻在心里提醒自己：我能行。不断地重复，不断地提醒，久而久之，你就会觉得信心百倍，真的觉得自己能说服对方了。这种积极的心态就像一面镜子，在让你变得自信的同时，也会将你的自信传递给对方，说服就会变得更容易。

一位商学院的实习生在他位于华尔街的办公室的墙中央，挂了一幅石油大王洛克菲勒的大照片作装饰。他从来没有见过这位石油大王，但看到照片的人都会联想到，他可能与石油大王有某种密切的关系。甚至还有人认为，他是一位知道经济界秘密情报的灵通人士。正是利用积极的环境暗示，这位商学院的实习生获得了成功的机遇，在短期内发了大财。

而消极的自我暗示就像一杯毒药，让人在自卑、恐惧、惰性中渐渐失去了对成功的渴望和必胜的信念，最终导致失败的结局。就像奥里森·马登说的那样："人生中大多数失败者只是心理上失败的受害者。他们相信自己不能取得和别人一样的成功。这着实使他们丧失了自信心所带来的活力和决心，使他们甚至不为成功做出半点努力。"

约拿是《圣经》中的人物，上帝给了他成功的机会，他却退缩了。因为缺乏自信，他常常怀疑自己的能力、怀疑今天的机会、怀疑明天的成功。于是，畏首畏尾，惧怕行动。怕思考、怕说话、怕做事、怕交友，害怕他人发现自己的存在，甘心当缩头乌龟，甚至荒唐地认为一切行动都只是徒然，毫无作用。我们身边这样的人不计其数，事实上，他们之所以失败，不是因为他们能力不足，而是败给了自卑、恐惧等消极的心理暗示。

西奥多·罗斯福总统年幼时体弱多病，而且行动笨拙，因此，他常常处于一种紧张的状态中，没有信心，因此不得不艰苦地训练自己。这种训练不仅仅是身体上的，还包括灵魂和精神上的。

他曾在自传中写下了自己独特的训练方法：

“我在马里埃的书中看到过一段话，印象极为深刻，并把它时时记在心里。这是一个小型英国军舰的舰长向助手解释如何才能顶天立地、无所畏惧地生活的一段话。他说，最初要行动的时候，每个人都会紧张、不安，重要的是，不应该让这种恐惧感延续下去。你应该采取的方法是控制自己，表面上装作若无其事的样子。这样持之以恒，假装的就会变成现实。他只不过是想练习坚强的意志，但这种练习让他变成了真正的勇者。”

“这就是我训练自己的方法。一开始，从大灰熊到野马、猎枪，我什么都怕，可我尽量装出不怕的样子来。慢慢地，我不再恐惧。人们要是愿意，也可以像我一样。”罗斯福这样说。

奥里森·马登说过：“在我们自己的思想王国之外，根本就没有什么命运女神。我们是自己的命运女神。我们自己控制、主宰着自己的命运。”记住，无论是谁，无论什么时候，你的命运都牢牢地掌握在你的手中。如果连你自己也怀疑自己的能力，认为自己无法像别人一样优秀，那么即使你天资聪颖、才华出众，最终也会沦为平庸之辈。相反，一个天资平平的人，即使没有过人的才华，只要他永远保持积极进取的心态，永远认为自己能战胜任何困难，能和所有成功者一样优秀，他就一定能如愿以偿。

威廉·詹姆斯曾说过这样的话：“人们通常认为行动总是跟随在感觉之后，但实际上，两者是并存的关系。行动为人们的意志所制约。借着制约行动，意志可以间接地制约感觉，而感觉并不受意志的直接控制。”

“因此，当我们不再感到快乐的时候，唯一的改变方法就是愉快地睡觉、吃饭、谈话，尽量从行动上表现出你很快乐。如果这样都不能改善你的心情的话，那么就没有别的办法了。让自己勇敢起来，即使只是从行动上表现出来，因为人们总是习惯于自我催眠。行动可以间接影响你的感觉，然后调动你所有的意志来达到这个目的。这样，勇气也就会取代恐惧了。”

你要尽量去引起愿意听你说话的每一个人的兴趣，要他们愿意去发展进取心，并把这当成分内的工作，用你的进取心去影响每一个人。积极进取具有振奋人心的伟大力量，当你真正地拥有了积极进取的心态，并将之用在你从事的工作中，往往就会无形中产生巨大的说服力。

说服他人的人，最开始要做的应该是说服自己。不断地告诉自己“我行”，说得多了，你就会真的行；不断地听你说“我行”的人，听得多了，也就会真的觉得你行了。如果你从一开始就在自己的脑子里灌输了“我不行”的思想，再简单的事你也可能做不成。

成功源自积极的心态，而建立信念的最佳方法就是自我暗示。许多具有真才实学的人，终其一生却少有所成，其原因在于他们深为令人泄气的自我暗示所害。因此，无论你从事的是什么工作，无论你说服的对象是谁，积极的心理暗示都是你走向成功的必胜武器。

⋙ 情绪失控时，请记得

（1）不愉快的时刻迟早会过去，如果我们的舌头没有闯祸，就不会需要留下需要医治的创伤。

（2）用破坏性的语言贬低和伤害他人不是解决问题的办法。

（3）不要让冲动的情绪来帮助解决问题，它只会将问题越弄越糟，最后连你自己都会失去目标。

真诚之人必将收获真诚

引言 每个人都渴望得到他人的关注，但如果我们只想着让他人注意自己，让别人对我们感兴趣，就永远无法得到真挚而诚恳的朋友。对别人漠不关心的人，他的一生苦难最多，对别人的损害也最大。所有人类的失败，都是由这些人造成的。

法国作家大仲马说："一两重的真诚，等于一吨重的聪明。"在选择朋友时，他十分注重对方是否具有真诚的品德。对他来说，与真诚的人交朋友是一种非常有趣的人生体验，与虚伪的人交往简直就是在浪费时间、浪费生命。

人与人之间的交际，实际上是给予与索取的过程，我们与人相处，追求成功，最基本的准则应该是实现自己、他人和社会三者同时受益，而这一切，必须建立在真诚的基础之上。不管到什么时候，真诚都是一个等量交换的过程，只有付出真诚的人才能收获他人回赠的真诚；而那些喜欢耍小聪明、虚情假意的人，永远得不到他人的真心。正如罗马诗人帕利里亚斯·塞洛斯所说："说话要真诚、语气亲切随和，不卑不亢、入情入理，这是成功打动对方的秘诀。"

在现实生活中，真诚是一种比工作能力更重要的能力，是一种让人心生敬佩、光彩照人的美德。真诚就像一把打开人类"心灵之门"的钥匙，只有真诚的人，才能得到他人的信任。有时候，真诚意味着承认自己的缺点或失误，可能会让人觉得很尴尬而羞于启齿，但实际上真诚不仅不会降低你的人格，反而会让人产生信任感。

大量事实证明，说话的魅力并不在于语言的华丽、讲话的流畅，而在于你是否倾注了感情，表达了真诚！最能推销产品的人并不一定是口若悬河的人，但一定是善于表达真诚的人。当你用得体的话语表达出真诚时，你就赢得了对方的信任，建立起人与人之间的信赖关系，对方也就可能由信赖你这个人而喜欢你说的话，进而喜欢你的产品了。

爱默生说过："诚实的人必须对自己守信，他的最后靠山就是真诚。"诚实是真诚最外在、最直接的表现。诚实的人，一定是真诚的。反过来，一个怀着真诚之心的人，一定是诚实的。

为了把一批喷气客机卖给东方航空公司，美国道格拉斯飞机制造公司的创始人唐纳·道格拉斯专程去拜访东方航空公司的总裁艾迪·利贝克。利贝克对道格拉斯说，道格拉斯公司生产的新型DC-3飞机和波音707飞机是竞争对手，都存在同样的问题——喷气发动机的噪音太大。他表示愿意给道格拉斯公司一个机会：如果他们的发动机比波音公司的噪音小，就和他们签约。

当时，这桩生意对道格拉斯公司来说非常重要，但是道格拉斯回去与他的工程师商量后，他给了利贝克这样的答复："说实话，我想我们没有办法达到你的要求。"利贝克说："我知道会这样，我之所以提出这样的要求，只是想看看你们是否诚实。"道格拉斯的诚实打动了利贝克，赢得了他的信任，他终于听到了一直期待的好消息："你将获得16500万美元的合同。现在，就是要看你如何将那些发动机的噪音降到最低了。"

诚实地承认自己的缺陷，奇迹般地让道格拉斯公司起死回生，也足以让我们看清一个事实：无论是公司还是个人，诚实都是取得成功的必备条件之一。如果道格拉斯公司企图靠蒙骗东方航空公司去获得订单，不仅会失败而回，更会失信于人，这比失去订单重要千百倍，甚至可能成为成功道路上最大的障碍。

在一家大公司的人事部办公室里，经理约翰先生正在面试销售员。

约翰先生看着眼前这位身材瘦弱、脸色苍白的年轻人，忍不住摇了摇头。他了解了一些基本情况后又问道：

"干过推销吗？"

"没有！"他回答道。

"那么，请回答几个有关销售的问题。"约翰先生开始提问，"推销员的目的是什么？"

"让消费者了解产品，从而心甘情愿地掏腰包。"他不假思索地答道。

约翰先生点点头，接着问：

"你打算怎样和推销对象开始谈话？"

"'今天天气真好！'或'你的气色真不错！'"

"你有什么办法把打字机推销给农场主吗？"约翰先生不动声色。

他稍稍思索一番，不紧不慢地回答："对不起，先生，我没办法把这种产品推销给农场主，因为他们根本就不需要。"

约翰先生高兴地从椅子上站起来，拍拍他的肩膀，兴奋地说："年轻人，你通过了，我想你会出类拔萃的！"

对于测试的最后一个问题，以前的应聘者总是胡乱编造一些办法，但实际上绝对行不通，因为没有人愿意买自己根本不需要的东西。他认识到了这一点，据实回答，所以被录取了。

曾有一位知名企业家在谈到自己成功的秘诀时毫不犹豫地说：“我出生在一个贫穷的家庭，但我的父母并没有因此就疏于对我的管教，从我懂事开始，他们就告诉我一定要诚实。事实上，我一直是这样做的。诚实让我成为了父母和老师眼中的乖孩子，诚实帮我获得了一份好工作，诚实让我娶了漂亮的妻子，诚实让我拥有了成功的事业，我的一切都是因为诚实。而现在，我对我的孩子和员工最大的要求就是诚实。”

一家公司招聘职员，面试时主考官出了一道算术题：“10减1等于几？”

一些应试者神神秘秘地说：“你想让它等于几，它就等于几。”

还有的人说：“10减1等于9是消费，10减1等于12是经营，10减1等于15是贸易，10减1等于20是金融，10减1等于100是贿赂。”

在这些应试者中，只有一个人欲言又止地说“等于9”。主考官问他为什么，他说：“我怕照实说会显得自己很愚蠢，智商低。”然后，他又小声地补充了一句：“对获得一份好工作来说，诚实可能是这个世界上最没用的武器。”

这个诚实的人最后被录用了。

正当希腊面临马其顿王国的入侵，而有亡国和失去自由的危机的时候，希腊著名演说家德摩斯梯尼曾经作过一次著名的演说，他的每一句话、每一个词语都充满着发自内心的极为丰富的爱国主义情感。他热情洋溢地说：“即使所有民族同意忍受奴役，就在那个时候，我们也应当为自由而战斗。”从这洋溢着爱国热情的词句中，人们看到了一颗真挚的拳拳之心，因而他的演讲激励了无数的希腊人，他们从聆听演说的广场直接奔赴战场，连向家人道别也认为耗费了时光。他的敌人，马其顿的国王腓力见到这篇演说词，也不由得感慨地说：“如果我自己听过德摩斯梯尼的演说，连我也要投票赞成他当我的反对者领袖。”“感人心者，莫先乎情。”能让对手击节赞叹，这其中蕴涵了多么真挚、奔涌的情感，这炙热的爱国主义情感从心底的火山喷发，从而产生了惊天动地的力量！

法国批判现实主义作家左拉说：“真诚是通向荣誉之路。”法国浪漫主义作家维克多·雨果说：“真实之中有伟大，伟大之中有真实。”俄国作家、思想家列夫·尼古拉耶维奇·托尔斯泰说：“没有单纯、善良和真实，就没有伟大。”成功与失败往往只有一线之隔，取决于人的一念之间，成功者之所以成功，是因为他们诚实，而失败者之所以失败，就是因为他们违背了诚实的原则。

顾客是朋友，只有当我们真正与顾客成为朋友，这才是我们最大的资本。如果你真正能让顾客当你是朋友，那么，这样的朋友必定会给你的生意带来很多好处。当你在他人心中埋下了真诚的种子，定然能收获更多真诚的回报。

▶▶▶ 真诚的人才能收获真诚

(1) 如果你不对别人真诚，别人绝不可能对你真诚。因为无论任何事情，没有付出就不可能会有收获。能不能获得，关键就在于你愿不愿意去付出。

(2) 真诚是你征服别人最好的武器。尽可能让你表现得真诚些，你会发现，你的生活因此而变得更加美好。

(3) 伟大的销售员之所以成功，就是因为他们在每一个顾客面前都表现了自己的真诚和热情，这也是他们的聪明之处。

自信之人更令人信服

引言

自信是一种强大的力量。如果一个人拥有自信，那么任何困难的事对他来说都会变成一件小事。如果没有自信，那么他就找不到能够支撑自己信念的力量，即使是再小的事，对他来说也会变成无法完成的任务。

苏格拉底说：“一个人能否有成就，主要是看他是否具有自尊和自信这两个条件。”“成功学之父”奥里森·马登说过：“如果我们分析一下那些卓越人物的人格品质，就会看到他们有一个共同的特点：他们在开始做事前，总是充分相信自己的能力，排除一切艰难险阻，直到胜利！”世界上最伟大的励志成功大师拿破仑·希尔也说过这样一段耐人寻味的话：“自信，是人类运用和驾驭宇宙无穷大智的唯一管道，是所有‘奇迹’的根基，是所有科学法则无法分析的玄妙神迹的发源地。”

对一个人来说自信比金钱更重要。自信看不见摸不着，却能在你最无助的时候为你点亮一盏明灯，赐予你坚持下去的无穷力量。自信不是生来就有的，你有没有自信其实完全取决于你自己。一个习惯于逃避问题，在困难面前绕道走的人永远无法获得令人羡慕的自信。就像塞内加说的那样："缺乏信心并不是因为出现了困难，而出现困难倒是因为缺乏信心。"但如果你能勇敢地面对人生中的任何挑战，那么自信就会终身伴随你左右。

和事业的成功一样，任何说服都不会是一帆风顺的，必须付出坚持不懈的努力。在说服的过程中，你必然会遇到各式各样的人、各种各样的困难，要克服这些困难、说服这些人，没有自信显然是无法做到的。心理学家认为，自信具有强大的心理暗示作用，具有神奇的功效。自信的人才敢想、敢做，最后才能美梦成真；缺乏自信则是事业不成功的主要原因，因为一个连自己都不相信的人，根本无法说服别人相信他。

麦修·阿诺德说过："一个人除非自己有信心，否则不能带给别人信心；已经信服的人，方能使人信服。"艾蜜莉·顾埃也说过："你若说服自己，告诉自己可以办到某件事，假使这事是可能的，你便办得到，不论它有多艰难；相反的，你若认为连最简单的事也无能为力，你就不可能办得到，而鼹鼠丘对你而言，也变成不可攀的高山。"

俄国著名戏剧家斯坦尼夫斯基在一次排演的过程中，女主角突然因故不能演出了，斯坦尼夫斯基一时找不到合适的人，只好叫他的大姐担任这个角色。在此之前，他的大姐主要负责管理服装道具，突然要她出演女主角，显得自卑胆怯，因此演得非常糟糕，引起了他的烦躁和不满。

他突然停下排练说："这场戏是全剧的关键。如果女主角仍然表现得这么差，那就只好暂时不排演了。"这时，全场寂然，他的大姐一言不发。突然，她抬起头来说："排练！"这一次，她不再自卑、羞怯、拘谨，演得非常好。他大笑着说："真是太棒了，我们又拥有了一位新的表演艺术家。"

居里夫人曾说过："生活对于任何一个人来说都非易事，我们必须要有坚韧不拔的精神；最要紧的，还是我们自己要有信心。我们必须相信，我们对一件事情具有天赋的才能，并且，无论付出任何代价，都要把这件事情完成。当事情结束的时候，你要能够问心无愧地说：‘我已经尽我所能了。’一个人只要有自信，那么他就能成为自己希望成为的那样的人。”

一位著名的女歌手讲述了她第一次登台演出时的情景：想到自己马上就要在几千名观众面前演出，她紧张得不停地发抖，生怕在舞台上忘记了歌词。虽然她极力安慰自己，但越想越紧张，甚至萌生了打退堂鼓的想法。

这时，一位经验丰富的男歌唱家笑着走过来，将一个纸团塞进她的手里，轻声说道：“别紧张，如果你不记得歌词了，就打开这个看看。”她顿时觉得信心百倍，在舞台上表现得非常好。她高兴地走下舞台，向男歌唱家致谢。他却笑着说：“你要感谢的应该是你自己。纸上其实什么都没写。”她打开纸团，果然什么都没有。

“你握住的这张白纸并不是一张白纸，而是你的自信啊！”男歌唱家说。

女歌手拜谢了男歌唱家。后来，她就是凭着握住自信，战胜了一个又一个困难，取得了一次又一次成功。

一张白纸，就能使人战胜恐惧，获得自信，这听来似乎有些令人难以置信。但事实上，自信不仅蕴藏着巨大的精神能量，还是使一个人精神百倍、容光焕发的最好的化妆品。很多时候，自信甚至比能力和才干更重要。

爱默生说：“自信是成功的第一秘诀。”爱因斯坦说：“自信是向成功迈出的第一步。”威尔逊说：“要有自信，然后全力以赴——假如具有这种观念，任何事情十之八九都能成功。”成功从来不会偏向于任何人，但却会选择人，得到它青睐的必定是具有强大的自信心，并抱着必胜的坚定信念的人。历史证明，真正的强者、勇者，都是如此。

一个纽约的商人看到一个衣衫褴褛的铅笔推销员，心生怜悯之情，把1美元丢进他的盒子后就要离开，但想了想又停下来，从盒子里拿出了一把铅笔，对他说："我和你一样，都是商人，只不过我们销售的商品不一样。"

几个月后，这个商人出席一个社交场合时，一位穿戴整齐的推销商人主动向他打起了招呼："先生，可能您已经不记得我是谁了，但我永远记得您，是您给了我自尊和自信。推销铅笔是我的无奈之举，我一直觉得自己像乞丐一样四处请求别人的施舍，是您让我知道，原来我也是个商人，我真心地谢谢您。"

一句简单的鼓励，却能改变一个人的一生。没错，成功往往并不像我们想象的那样无法企及、高不可攀，你的自信，就是你成功最大的理由。

如果你已经能拍着胸脯对自己说你很自信，那就证明你真的很自信。请相信，这种自信会在不知不觉中传递给你周围的人，当然包括你想要说服的那个人。

如何快速提升自信心

（1）找出让你感到不自信的根本，并竭尽全力解决它们。

（2）自信具有化卑微为高尚、化丑陋为美丽，化软弱为强壮的神奇魔力，时刻在心里默念："我是最棒的！"你很快就会发现，你的生活正在或者将要变得更加美好。

（3）大多数成功的人都曾经历过自卑的阶段，自信能成为他们成功的原因，必然也能成为你成功的原因，但前提是你想要成功。

真诚造就信任

引言　信任是人们进行交往的基本前提。如果没有信任，即使人们正在交往，正在谈话，充其量也只能算是一种简单的交流，称不上是真正的沟通。

苏霍姆林斯基说过："对人的热情，对人的信任，形象点说，是爱抚、温存的翅膀赖以飞翔的空气。"人与人之间的交往，必须建立在真诚、信任的基础之上。信任是人们进行交往的基本前提，更是赢得人心、说服他人的必要条件。

任何人，无论是说服者还是被说服者，都强烈地渴望着令人信任的交往。信任不是上帝赋予的，完全取决于你自己。一个想获得他人信任的人，首先要做的就是付出自己的信任。他人得到你的信任，自然而然就会回馈给你自己的信任。信任是一个相互的过程，验证的是"付出与收获对等"的命题。一味索取却不想付出信任的人，最终只会引起他人的反感。

1858年，林肯当选美国上议院议员后，需要到伊利诺伊州南部的一些地方演说，赢取那里的选票。但是，林肯知道这个任务很难完成，因为那里的人对他极度不信任，甚至有敌对的心理。

这是因为林肯提倡废除农奴制度，那里的农场主却拥有大量的黑奴，他们的立场完全是对立的。他们十分憎恨林肯，甚至放出话来，只要林肯一来，他们就立刻把他杀死。

由此可见，林肯做出那样的决定需要多大的勇气。但结果，林肯并没有因为恐惧而停止前进的步伐，他说："无论别人如何仇视我，只要他们肯给我一个说几句话的机会，我就可以把他们说服。"

在演说之前，林肯诚恳地与当地的重要首领握了手，然后发表了化仇恨为好感的一番感人肺腑的演讲：

南伊利诺伊州的同乡们，肯塔基州的同乡们，密苏里的同乡们！听说在场的人里面，有些人想和我作对。但我不相信这是真的，因为我实在想不出你们有什么理由会这样做，因为我也是一个和你们一样直爽的平民。我生于肯塔基州，长于伊利诺伊州，和你们一样是从艰苦的环境中挣扎出来的。那么，为什么我不能和你们一样发表自己的意见呢？同乡们，虽然你们现在还不了解我，但总有一天你们会知道我是怎样一个人。我并不想和你们作对，所以我相信，你们也绝不会和我作对的。现在，我怀着一颗诚挚的心，想和你们做朋友，相信你们也愿意交我这个朋友。我请求你们让我这个朋友说几句话。勇敢而豪爽的人们，我想你们一定不会拒绝我这个小小的要求。那么现在，就让我们开诚布公地讨论一下严重的问题吧！

听完林肯的这段话，原本愤怒的人们开始为他鼓掌。最终，这些原本立誓要杀死他的人，大部分成了他真正的朋友。他们衷心地信任他、追随他，也正是这些人，后来帮助他登上了总统的高位。

林肯的聪明，在于他明白信任的力量。信任与不信任，看似只是多了一个字，却往往能产生巨大的差距，甚至能在关键时候创造扭转乾坤的奇迹。林肯成功了，这也是林肯总统在选举时惯用的方法。

威尔逊是一家四星级酒店的年轻部门经理，刚刚受聘去管理客房服务部。在他的新下属单位中有一个内务部门，这个部门的多数员工都是西班牙人，说西班牙语。第一次参加全体员工（也包括内务部的员工）大会时，威尔逊当着所有人的面答应内务部门经理、擅长西英两种语言的苏珊，他要开始学习西班牙语，以便将来能出席员工大会，与全体员工就事关员工切身利益的重大问题进行交流。苏珊将威尔逊的承诺翻译给她的下属听，赢得了一片欢呼和喝彩声。员工们觉得老板对她们非常重视、十分关照，威尔逊顿时声名鹊起。

3个月很快过去了，威尔逊的工作非常忙碌。他几乎每天都要连续工作10个小时，因此，他便将学习西班牙语的计划无限期地搁浅了。他一直找不到时间专心学一门新语言，而且过分低估了学习语言所必需的严格训练和持之以恒。相反，他每次乘电梯到内务部时，都只是简单地问候，或挤出一个微笑，内务部的员工也回报他一个微笑，当做打招呼。但是，千万别以为她们忘记了威尔逊当初的承诺，实际上，她们经常找苏珊，问威尔逊打算什么时候用西班牙语主持会议。但提问过后，得到的往往是无奈的苦笑，因为苏珊已经不再相信威尔逊的当众承诺了，而是把它当成一种故作姿态和一种讨好全体员工的企图。此时，已经没有人相信他会兑现自己的承诺，甚至认为他一开始就没有这个打算。

虽然威尔逊是真心地想学习西班牙语，从而与自己的下属更好、更亲密地交流，但由于各种原因，他的承诺终究没能兑现，最终失去了宝贵的可信度。他或许没有意识到，一旦失去了下属的信任，以后无论他做出什么承诺，都不会再有人相信他。

关于可信度，获取它可能要经历漫长的时间，但失去，仅仅可能是几分钟的事情。一旦你失去了可信度，也就是失去了最重要的品德，要想重新获得，恐怕要付出比之前大几倍的努力。

没有人会喜欢言行不一的人，言行不一实际上是比虚假更严重的恶行。同样的道理，一个无法获取他人信任的人，绝不可能说服他人，因为信任是人与人交往的基本前提。

如何建立值得信任的形象

（1）信任并不是一开始就有的，它需要人们努力去建立。

（2）不信任会导致莫名其妙的猜想。对方会对你所说的话产生疑问，即使你明白无误地表达出来，他仍然会生出不同的理解来。

（3）言行要一致。每个人都喜欢实干家，当你说自己要做点什么，之后却由于不重视而未能坚持到底时，你的可信度就打了折扣。

用热忱点燃对方说话的热情

引言 希尔顿饭店集团的创始人唐拉德·希尔顿根据自己的经验指出，热忱是完成任何一件事必不可少的条件。或许你确有才华，但才华也必须借助热忱的精神，才能发挥尽致。热忱是一种无穷的动力，因此你要理智地克制它，智慧地运用它，以求更大的进步。

热忱不只是外在的表现，它发自于内心。热忱来自于你对自己正在做的某件工作的真心喜爱。热忱是一种意识状态，能够鼓舞和激励一个人对手中的工作采取行动。更重要的是，它还是一种情感的催化剂，不只对其他热心人士产生重大影响，还能在无形中感染所有和它接触过的人。

热忱是一种重要的力量，是一种无穷的动力，是我们需要付出一生的努力去实现的目标。在说服这门艺术的实践过程中，热忱往往会散发出无限的魅力，不仅能让说服者变得热情满满，神采奕奕，更容易促使被说服者在潜移默化中接受说服者的意见。

可以说，热忱是一种让说服者本身和被说服者都充满能量的武器，是说服成功最大的动力。建造过伦敦52家教堂的建筑师兰恩爵士，86岁时退休，他在最后的5年一直尽心学习，努力追求文学、天文学及宗教知识；古罗马政治家80岁还学希腊文；希腊历史学家布拉塔克更是在衰老之年才开始研习拉丁文；意大利作曲家维尔第在78岁高龄还作出了像《奥塞罗》这样不朽的歌剧。

波士顿有个棒球队，一直只有极少的观众，因为他们的表现实在很差。后来，他们来到了密尔瓦基，这里的市民对这个新球队非常热情，棒球场人山人海的，似乎每个人都对棒球队充满了必胜的信心。

市民们的热情和信任给这支棒球队注入了新鲜的血液，队员们感到了极大的振奋和鼓舞，次年，该队就奇迹般地登上了联赛的冠军宝座。仍然是原班人马，但这支球队脱胎换骨般创造了一个又一个佳绩，发挥出了前所未有的惊人水平。可以说，观众的热情赐予了他们新生命，是他们创造奇迹的最大动力。

世界从来就有美丽和兴奋的存在，她本身就是如此动人，如此令人神往，所以，你自己必须对她敏感，永远不要让自己感觉迟钝、嗅觉不灵，永远不要让自己失去那份应有的热情。

约那桑·欧登·阿摩尔说过："若想成为人群中的一股力量，便须培养热忱。人们因你的热忱而更喜欢你；而你也得以逃离枯燥不变的机械式生活，无往而不利。不会有别的，因为人类的生活就是这样，把灵魂放入工作之中，你不仅会发现每天中的每小时都变得更愉快，而且会发现人们都相信你，恰如我们用发电机时相信电那样。"

充满热忱的人，口中吐露出来的必定是令人振奋的话语，能最大限度地激发对方的热情。和这样的人谈话，会在不知不觉间被同化，也变得充满热忱；相反，一个没有生气的人，会让消极、不快乐的情绪充斥在周围的空气里，别说接受他的“苦口婆心”了，就连多说几句话都困难。如果你想做一个说服高手，最重要的就是让自己看起来更有激情，这正是说服力最大的影响因素。

要是你没有能力，却有热情，你还是可以使有才能的人聚集到你身边来。假如你没有资金或设备，若你有热情说服别人，仍然会有人回应你的梦想。热情是成功和成就的源泉，你的意志力、追求成功的热忱和热情愈强，成功的几率就愈大。爱默生说过：“有史以来，没有任何一件伟大的事业不是因为热忱而成功的。”查尔斯·史考伯也说过：“对任何事都热忱的人，做任何事都会成功。”他们正好和“十分钱连锁酒店”的创办人查尔斯·华尔渥滋“只有对工作毫无热忱的人才会到处碰壁”的看法不谋而合。

说服力就是说话中的魔术，如果你说话时激情飞扬，那么你就练就了其中一种魔术。人们对林肯就任美国总统时的一篇演说赞誉备至，称其为“人类最光荣、最宝贵的演说之一，最神圣的人类雄辩的真金”。其中有一段是这样的：

我们对于大战灾祸能够早早结束，都很热诚祈求……无论对什么人，我们都要慈爱而不要怨恨，我们坚持正义，并继续努力完成我们的工作——整顿我们已经残破的国家，纪念我们英勇的烈士，善待我们可怜的孤儿寡母，维护我们期待已久的持久和平。

有人认为，林肯在葛底斯堡的演说已经非常精彩了，但他的就职演说更加精彩……这是林肯一生中最感人的演说。他的这篇激情澎湃的演说，使他的人格魅力散发出耀眼的光辉。

如果你认真观察就会发现，在以说话为职业的人当中，比如，播音员、解说员、教练、教师，他们说话时往往会让人觉得他们讲得非常好，但我们很少会说出“太好了”之类的发自内心的感叹。这就是差距，足以在某种程度上体现出热情的重要性。

卡耐基的办公桌和家里的镜子上都挂着一块牌子，巧合的是，麦克阿瑟将军在南太平洋指挥盟军时也在办公室的墙上挂了一块牌子，牌子上都写着同样的座右铭：

你有信仰就年轻，疑惑就年老；
有自信就年轻，畏惧就年老；
有希望就年轻，绝望就年老；
岁月使你皮肤起皱，但是失去了热忱，就损伤了灵魂。

激情可以是一种本能，每个人都有激情，只是在现实生活中很少有机会能表现出来而已，而且一般人都不愿在众人面前表露自己的真情实感。判断一个人、一段话是否具有说服力，最重要的标准就是这个人、这段话是否具有足以感染他人的激情。说话时缺乏激情，就会显得苍白无力。毫无热情的人，连自己都说服不了，更不可能说服别人了。只有带着热情去说服，你才能感染对方、打动对方，从而说服对方。

热忱是内心强大的神，永葆热忱，不仅会帮助你成为说服高手，更会推动你在人生的道路上取得越来越大的成功。那么，怎样才能让自己拥有一颗永远激情四溢的心呢？在我看来，最重要的是要做到以下几点。

1. 热爱自己，让行动热烈起来

说话自信的人传递给人的都是自信的信号，有活力的人也自然而然地变得有活力，这样才能燃起对方开口的欲望。如果就连你自己都不想面对整天死气沉沉的面孔和枯燥乏味的言谈，就不要奢求别人会喜欢。

2. 喜爱他人，让他觉得自己很重要

每个人都在潜意识里渴望得到他人的认可和赞美，一句夸赞鼓励的话，有时甚至是一个淡淡的微笑，都会给人被尊重的感觉。无论对方是谁，时刻保持“你很重要”的态度，并将这个理念不折不扣地落实到实际行动中，你会发现对方回馈给你的是更多的热情。

3. 培养强烈的自信和坚持到底的勇气

华特·H·柯亭姆说：“价值产生信心，信心产生热忱，热忱则征服世界。”因此，无论遇到任何困难，都请你记住一句话：从生命诞生的那一刻开始，你就已经是冠军了，而且你完全有能力让自己一直占领冠军的宝座。当然，在问鼎生命之巅的过程中必然会经历无数次风吹浪打，但只要坚定必胜的信心，就能乘风破浪。

4. 积极进取，不断奋进

不满足现状的人惧怕安逸的生活，唯恐被吞噬了奋进的灵魂，因此，他们会在人生的道路上不断地发掘，会经历无数次失败。成功者的经验告诉我们，成功之路是由无数次失败的经历铺就的，失败并不可怕，真正可怕的是失败后的放弃，坚持到最后的人才能品尝到成功的累累硕果。

一个人的成功在很大程度上是由他的习惯决定的，良好的习惯会成为培养成功的温床，不良的习惯则会沦为失败的罪魁祸首。事实上，永葆热忱不仅仅是你一个人的事，还关系到你周围的人，甚至还可能成为影响你成功的重要因素。正如弗烈得利克·威廉森所说：“我活得愈久，便愈发肯定，热忱是所有特性或质性中最重要的，这也是成功者和失败者最大的区别之一。”

▶▶ 热忱是一种重要的力量

（1）若你能拥有一颗热忱之心，那是会给你带来奇迹的。

（2）热情就是成功和成就的源泉，你的意志力、追求成功的热忱和热情愈强，成功的几率就愈大。

（3）保持热忱，更重要的是要永远保持热忱。热忱必须是发自内心的，假装的热忱很快就会崩溃，不可能持续很长时间。

学会用微笑来感染对方

引言 唐拉德·希尔顿经营旅馆业的座右铭是："你今天对客人微笑了吗？"这也是他所著的《宾至如归》一书的核心内容。他认为，上帝的微笑永远是属于旅客的阳光，缺少服务员美好的微笑，就好比花园失去了春天的太阳与和风。

"微笑是人类的特权。"微笑是这世界上最美好的表情。微笑，就像春天的绵绵细雨，滋润着广袤的大地；微笑，就像一朵含苞待放的花儿，散发出沁人心脾的芳香；微笑，就像妈妈温暖的手，温柔地抚平你受伤的心灵；微笑，就像冬天的瑞雪，是农民的幸福使者。

微笑是开启人与人之间关系的钥匙。微笑的女人，总是会不自觉地嘴角上扬，这被众多男人视为世界上最美好的表情。《蒙娜丽莎的微笑》被誉为卢浮宫的镇山之宝，其真正的价值其实在于画中女子迷人的微笑。她的微笑，嘴角上扬的弧度恰到好处，矜持而迷人，美好而耐人寻味。任何男人，或者任何女人，都无法不爱上这种微笑。

真诚的微笑，不但可以使人们和睦相处，也能给人带来极大的成功。“旅馆大王”唐拉德·希尔顿正是利用微笑而获得成功最好的典型。

1919年，希尔顿怀揣着父亲留给他的12000美元和自己辛辛苦苦积攒下来的几千美元，雄心勃勃地开始了他的创业生涯。他成功了，在很短的时间内，他的资产奇迹般地增长到了几千万美元。然而当他欣喜若狂地把这个好消息告诉母亲时，母亲却不以为意地说：“这没什么大不了的，事实上你应该追求比5100万美元更值钱的东西，那就是良好的口碑，这样你的旅馆才会有前途。”

母亲的忠告使希尔顿陷入了迷惘，究竟什么办法才能像母亲说的那样“简单、容易、不花本钱而生命力常驻”呢？为此，他像普通人一样逛商店、住旅馆，以自己的亲身感受找到了正确答案——微笑服务。

希尔顿开创了微笑服务的先河，他要求每个员工无论工作多么辛苦，都要对顾客保持微笑，即使在旅店业务受到经济萧条的严重影响的时候，他始终告诫员工：“千万不能把我们心里的愁云摆在脸上，无论旅馆本身遇到了什么困难，希尔顿旅馆服务员脸上的微笑永远是属于旅客的阳光。”

正因为如此，遭受了经济危机重创的旅馆业最后只有20%的旅馆幸存，希尔顿旅馆就是其中之一。经济萧条期刚过，希尔顿旅馆就率先进入了新的繁荣时期，迎来了黄金时代。

真诚的微笑，其实是说服的最好工具。说服往往是一个人口才的最佳展示，但遗憾的是，能成功说服他人的人并不总是口才好的人。很多时候，说得再多都不如一个真诚的、善意的微笑更容易让人接受。实验证明，说服成功的人大多是那些面带微笑、和颜悦色的人，会让对方在这种和善的氛围中不自觉地放弃自己原有的立场和想法。而总是绷着脸的说教式的说服者在开口的一瞬间就已经注定了失败的结局，因为这会激起人的本性中对于强迫的强烈抗拒。

“我所认识的一些人，”一家大橡胶公司的董事长说，“他们起初成功了，是因为他们当时对自己的事业非常感兴趣；但是后来，我看见他们开始变成工作的奴隶，工作对他们而言变得异常无聊，他们失掉了工作中的乐趣，于是一步步走向了失败。”

无论什么时候，卡耐基总是显得神采飞扬、令人信服。有人问卡耐基为什么在他的演说中魅力无穷。卡耐基朝那人微笑了一会，说：“因为我会恰当地使用我的微笑，而微笑是人类情感共同的沟通，一笑便充满了意义。”微笑是人人都会的，在应付许多事情时，当然需要一定的灵活度和口才艺术。

一位从法国来的年轻貌美的女学生，有一天用挑逗的话问年轻的讲师卡耐基：“亲爱的老师，在法国女子和美国女子中，你更喜欢哪一个？”

这种话突然冒出的确有点使人难以回答，如果卡耐基回答喜欢法国女子多一点，觉得有点不合情理；如果说喜欢美国女子多一些，又怕伤了这位法国女学生的心，这就会对他的工作开展产生不利影响。

卡耐基朝这位女学生微微一笑，迎着她挑逗的目光说：“凡是喜欢我的女子，我都喜欢。”

一句简单而轻松的话，将这位法国女学生的浓情融于微笑中，他的这一句话既合乎情理，又让对方心情愉快，这便是微笑的艺术魅力。

威廉·史坦哈是一个表情严肃的人，即使在家里也很少笑，这让人觉得他的生活很沉重，或者说很苦闷。

一次，在参加继续教育培训班时，史坦哈被要求准备以微笑的经验发表一段谈话，于是他决定亲自试一个星期。去上班的时候，史坦哈会对大楼的电梯管理员微笑，说一声“早安”；他以微笑跟大楼门口的警卫打招呼；他对地铁的检票小姐微笑；当他站在交易所时，他对那些以前从没见过自己微笑的人微笑。

很快，史坦哈发现每一个人也对他报以微笑。他微笑着面对那些满腹牢骚的人。他一边听他们发牢骚，一边微笑着，问题很快就解决了。他惊讶地发现，自己为此得到了更多的收入。

回家后，史坦哈微笑着和妻子说话，也不再板着脸和孩子说话，沉闷的家突然被一种温馨的气氛笼罩。不可思议的是，这一切看似很难，却来自于简单的微笑。

心理学研究表明，微笑与人的形象有着奇妙的关系。虽然微笑是一种面部表情，却反映了人的精神状态和生活态度。在现实生活中，微笑还是人际交往的润滑剂，能帮助人们驱散心头的烦恼，消除人与人之间的隔阂，让你在职场上越走越顺畅。

在谈到自己的成功秘诀时，钢铁大王安德鲁·卡内基最得力的助手斯瓦伯骄傲地说："我之所以能成为全美国薪水最高的打工者，主要是因为我有着迷人的魅力。我的人格、我的品德、我与人相处的方法，这些都是我的成功秘诀。但是，我最迷人的还是我那发自内心的微笑，至少要值100万美元。"

对此，密歇根大学心理学教授詹姆斯·麦克奈尔认为："那些时常保持微笑的人，在管理、教育、推销当中会更容易获得成功，更容易培养出快乐的下一代。笑容比皱眉头更能传情达意，这正是为什么教育中更应该以鼓励和微笑取代体罚和处置的原因所在。"纽约一家大型百货商店的人事部经理也说："我情愿出高价雇佣一个脸上总是带着可爱微笑的、连小学都没有毕业的女职员，也不愿雇佣一位冷若冰霜的哲学博士。"

微笑就像一把开启人的心灵的钥匙，是建立人与人之间关系最好的桥梁。毋庸置疑，一个时时微笑、对事事微笑的人，无论遭遇多大的困难，遇到多么固执的说服者，最终都能实现说服的终极目标。因此，任何时候都不要吝啬你的微笑，因为那是你所能拥有的最美好、最有魅力、最能征服他人的表情。

▶▶ 你可以控制你的微笑来感染别人

（1）行为胜于言论，对人微笑就是向他表明："我喜欢你，你使我快乐，我喜欢见你。"

（2）快乐不依赖于外界的环境，而取决于你的内心。一个人，只有想让自己快乐，才能真正地快乐起来。

（3）行动是与感觉并行的，我们能使直接受意志支配的行为有规律，也能间接地使不直接受意志制约的支配有规律。

发挥你独特的幽默魅力

引言 真正精于谈话艺术的人，其实就是那些既善于引导话题，并赋予无意义的谈话以幽默风趣的生命力的人。谈吐幽默的人往往容易取胜，没有幽默感的人则往往容易失败。

美国心理学家保尔·麦基认为，幽默感对于人的社交能力的发展起着举足轻重的作用。在交际场合，幽默的语言极易迅速打开交际局面，使气氛轻松、活跃、融洽。在沟通中，幽默的语言则如同润滑剂一般，可以有效地减低人与人之间的“摩擦系数”，化解冲突和矛盾，任何问题都能迎刃而解。

幽默感的内在构成，是悲感和乐感。悲感是幽默者的现实感，就是对不协调的现实的正视；乐感是幽默者对现实的超越感，是一种乐天感。悲感让幽默者可以鼓足勇气面对现实，正视人性的弱点；乐感让幽默者在别人或者我们自己的弱点面前产生“突然的荣耀感”，给幽默者以信心和勇气，在困境中树起胜利的风帆。

幽默是一种乐观豁达的人生哲学，只有超越了现实，才能俯视现实，淡定、从容地面对现实。积极乐观的生活态度，是培育幽默感的摇篮，悲观厌世的人是无法说出与幽默相关的只言片语的。

俄国著名寓言作家克雷洛夫生活穷困。他租了一间房子，房东要他在租房契约上注明：一旦失火，烧了房子，就要赔偿15000卢布。克雷洛夫看了看租约，不动声色地在15000后面加了一个零。房东高兴地说："什么，150万卢比？"克雷洛夫大笑道："不管多少钱，我都赔不起。"

幽默是生活历练的一种折射，是智慧的产物，更是一种胸怀、一种境界。幽默的人，即使不会始终面带微笑，却能在举手投足间让人感受到快乐的气氛。没有人会拒绝和一个幽默的人交往，因为这本身就是一种对感官极大、极好的刺激，是一种美好的享受。幽默不是说几句玩笑话那么简单，更应该是幽默者的个人智慧和生活经验的一种综合展示，远远超出了引人发笑的高度。

英国文豪萧伯纳是个瘦子，这是尽人皆知的。一天，一位大腹便便的资本家用讥笑的语气对他说："先生，看到您，我就知道现在世界上正在闹饥荒。"

萧伯纳淡淡地回敬道："而我一见到您，就知道世界上为什么会闹饥荒了。"

马克·吐温在密苏里州办报时，有一次，一位读者在他的报纸中发现了一只蜘蛛，便写信询问马克·吐温，看是吉兆还是凶兆。

马克·吐温是这样回答的："亲爱的先生，您在报纸里发现一只蜘蛛，这既不是吉兆也不是凶兆。这只蜘蛛只不过是想在报纸上看看哪位商人还没打广告，好到他家里去结网，过安静日子罢了。"

一天，爱因斯坦不慎跌倒了，一位路人笑道："您没有跌倒，而是地球倾斜了一下，用您的相对论理论解释刚才发生的事情对吗？"

“我同意您的说法，可惜这两者的感觉对我来说没什么区别。”爱因斯坦答道。

一位青年作家向诺贝尔文学奖获得者海明威请教：“您的作品语言简洁流畅，请问您是怎么做到的？”

“有时，我故意穿一件薄薄的衣服在凛冽的寒风中写作，冻得瑟瑟发抖；有时，我故意不吃饭写作，饿得肚子咕咕直叫；还有时，我故意金鸡独立般写作，累得满头大汗、腿不停地发抖。为了尽量减少这些不愉快的感受，我不得不强迫自己少写些废话，这就是你想要的答案。”海明威诚恳地回答。

幽默的力量不容小觑，一些小幽默、一则小故事、一段小品文、一句警句或妙语，往往具有扭转乾坤的魔力，让人们心甘情愿去做原本不想做的事情，接受原本不想接受的东西。在社交活动中如果我们想树立良好的形象，就必须运用幽默，得体的幽默会为你的魅力加分，请记住，是得体的幽默。不合时宜、与身份不符或失了分寸的幽默，往往会伤害感情，招致他人的反感。因此，什么样的幽默才符合得体的标准呢？

1. 内容高雅

幽默的内容取决于幽默者的思想情趣与文化修养。粗俗或低级的语言虽然有时能博人一笑，但很快就会变得乏味；而内容健康、格调高雅的玩笑所产生的幽默，不仅能给对方启迪和美好的精神享受，而且也是对自己美好形象的一次重塑。

2. 态度友善

与人为善不仅是做人的准则，也是幽默的标准之一。幽默的过程，应该是人们相互交流感情的过程，应该是快乐的，如果以开玩笑为借口对他人冷嘲热讽，就违背了幽默的初衷。受到侮辱的人必定会觉得颜面大失而针锋相对，最终甚至可能背道而驰。这样的人，哪怕真的才华横溢、能力非凡，也没有人愿意与其交往。

3．看人说话

受性格等多种因素的影响，每个人对玩笑的承受能力都不同。比如，有些玩笑能对同辈人开，但如果对长辈开了，就会被戴上“没大没小”的帽子；有些玩笑只能对同性开，如果对异性开了，就会引起不必要的麻烦；有些玩笑只能对性格外向的人开，如果对性格内向的人开了，就可能产生误会。

4．看场合说话

幽默不是要你在任何场合都表现得幽默，而应该根据不同的场合适时改变自己的行为。不合时宜的幽默还不如不幽默，很有可能让你陷入无尽的麻烦之中。比如，在庄重严肃的场合，就绝不能开玩笑。

不看场合，随心所欲，信口开河，说话不经大脑，这是愚蠢者的表现。人总是在正确的时间内、正确的地点、适合的条件下生活，在不同的场合，面对着不同的人、不同的事，就得从不同的目的出发，就应该说不同的话，用不同的方式说话，这样才能达到预期的目标。

幽默是生活的调味品，幽默而大度的人会说：哭也是一天，笑也是一天，如果学会选择笑着度过每一天，那么再大的风浪也会平息。

幽默是一种沟通的技巧、语言的艺术，在人际交往中发生不快时，一句幽默的话语往往能缓解紧张的气氛，一句诙谐的话就能使对方转怒为喜。幽默是化解尴尬，能化干戈为玉帛，不但使家庭温馨，更能帮助我们在事业上取得成功，战胜人性的弱点，攀升人生的巅峰。

⋙ 幽默也是一种力量

（1）幽默具有使人愉悦的神奇功效，在任何场合，拥有幽默的人总会赢得他人的好感，获得众多的支持和理解。

（2）幽默是一种最有趣、最有感染力、最具有普遍意义的传递艺术。

（3）幽默的人具有宽容、自信、豁达、乐观的心态，它使生活充满乐趣、充满生机。

让对方感受到你的尊重

引言 不管是锦上添花还是雪中送炭，赞美可以算得上是激发人的潜能的魔法师，一句赞美的话甚至可能改变一个人的命运，绝不能小觑。

曾流行这样一个说法：“赞扬能使羸弱的躯体变得强壮，能给恐惧的内心以平静和信赖，能让受伤的神经得到休息和力量，能给身处逆境的人以务求成功的决心。”实验心理学对酬谢和惩罚所做的研究也表明，受到赞扬后的行为，要比挨了训斥后的行为更加合理，更加有效。威廉·詹姆斯说：“人性的根源有一股被人肯定、赞赏的强烈愿望，这是人和动物最大的不同点。”

一位企业家说：“人都是活在掌声中的，当部属被上司肯定、受到奖赏时，他就会更加卖力地工作。”卡耐基也说过：“当我们想改变别人时，为什么不用赞美来代替责备呢？纵然部属只有一点点进步，我们也应该赞美他。因为，那才能激励别人不断地改进自己。”

卡耐基小时候是公认的非常淘气的坏男孩。9岁时，他父亲把继母娶进家门。当时，他们居住在维吉尼州的农村，家境贫寒，继母的家庭环境却很好。

他父亲一边向继母介绍卡耐基，一边说："亲爱的，希望你注意这个全州最坏的男孩，他让我头疼死了，说不定他会在明天早晨以前就拿石头砸你，或者做出其他坏事，总之让你防不胜防。"

出乎卡耐基意料的是，继母微笑着走到他面前，托起他的下巴看着他，对丈夫说："你错了，他不是全州最坏的男孩，他是最聪明的，却还没有找到发泄热忱的地方的男孩。"

继母说得卡耐基心里热乎乎的，眼泪几乎滚落下来。就凭她的这句话，他决定和她建立友谊。这句话，成了激励他的一种动力，使他日后创造了成功的"28项黄金法则"，帮助千千万万的普通人走上成功和致富的光明大道。因为在她来之前，没有一个人称赞过他聪明。他的父亲和邻居认定他是坏男孩，但继母只说了一句话，他的一生就随之改变了。

14岁时，继母给卡耐基买了一部二手打字机，并且对他说，她相信他会成为一位作家。他接受了她的想法，并开始向当地的一家报纸投稿。来自继母的这股力量，激发了他的想象力，激励了他无穷的创造力，最终让他成为了"20世纪最有影响力的人物之一"。

很难想象，如果继母不是用赞美的方式而是严厉的斥责，卡耐基会不会取得后来的伟大成就。事实上，赞美是一种强大的内心力量，一个人在赞美他人的同时，潜意识里也在渴望得到对方的赞美。说服之前先来点赞美，就像吃饭之前先喝点美味的汤，往往能收到意料之外的效果。

在人类行为中，有一条至关重要的法则，如果我们遵守它，就会万事如意；实际上，如果我们遵守这条法则，将会得到无数的朋友，获得无穷无尽的快乐。可是，如果我们违背了这个原则，就会招致各种挫折。这条法则就是："永远尊重别人，使对方获得自重。"这正如杜威教授所说："自重是人类天性中最强烈的冲动和欲望。"也正如詹姆斯教授所说："在人类的天性中，最深层的欲望就是渴望得到别人的重视。"也就是说，只有真正懂得尊重他人的人，才能真诚地赞美他人；反过来，一个能真诚地赞美他人的人，必定会受到他人的尊重。

很多年前，伦敦的一个男孩在一家布店工作，每天早上5点钟就要起床打扫整个店铺，然后工作十几个小时，简直和苦工、奴隶差不多。两年后，男孩再也无法忍受这种高强度的生活。一天早晨起床后，他连早餐都没吃就跑去和在13里外的地方当管家的妈妈商量，请求妈妈同意他换一份工作。他伤心地向妈妈哭诉，并威胁道，如果让他继续留在店里，他就自杀。

接着，他给老校长写了一封言词悲惨的信，说他已经对人生失望透顶，想结束生命。老校长看完信后给了他一点赞美，诚恳地对他说，他很聪明，应该有很好的前途，并让他在学校当教员。老校长的赞美彻底改变了男孩的一生，他就是英国文学史上创作了76本书的文学巨匠韦尔斯。

赞美是通往成功之路最好的外力，能最大限度地激发出人的潜能。对于身处困境的人来说，也许你的赞美并不能解决实质性的问题，却能使对方从困难中奋进，从失败中崛起，这其实是比帮助更大、更具价值的帮助。如果不是老校长的赞美，韦尔斯的人生会怎样，我们不得而知。

有一个女孩，极具音乐天赋，5岁就开始登台演唱，歌声优美动听。长大后，女孩的家人请了一个非常有名的声乐老师来训练她，在老师的悉心指导下，她的演唱技巧有了巨大的提高。后来，她嫁给了他。婚后，他还是她的老师，但是她的朋友们却发现她那优美的歌声已经变得沙哑，声带总是硬邦邦的，和以前简直是天壤之别。渐渐地，邀请她去演唱的人越来越少，直到她的丈夫去世，她的演唱生涯几乎已经终结。

在漫长的几年里，她沉浸在失去丈夫的悲伤中，才能似乎枯竭了，一位推销员的出现拯救了绝望的她。每当她哼着小调或一首旋律时，他都会由衷地吐出赞美之言："亲爱的，你的声音简直是世界上最美妙的，再唱一遍，你可以唱得更好。"他其实是个音乐的门外汉，根本对音乐一窍不通，他只是非常喜欢她的歌声，所以一直赞赏她，鼓励她。很快，她找回了自信心，又开始马不停蹄地在世界各地演唱。后来，她嫁给了这位"拥有发现美的眼睛"的男人，重新开始了成功的歌唱生涯。

早在20世纪20年代，查理·夏布就成了全国少数几位年收入超过百万的商人之一。1912年，安德鲁·卡内基独具慧眼，任用夏布为新成立的美国钢铁公司第一任总裁时，夏布只有38岁。为什么安德鲁·卡内基会下如此大的血本呢？平均计算下来，夏布每天的工资差不多是三千多元。因为夏布先生是个了不起的天才？还是因为夏布先生对钢铁生产的了解比别人多？都不是。夏布先生说，为他工作的许多人，他们对钢铁制造其实都比他懂得多。

夏布之所以获得高薪，主要在于他处理人事和管理人事的出众能力。他说："我想，我天生具有引发人们热忱的能力。促使人将自身能力发挥至极限的最好办法，就是赞赏和鼓励。来自长辈或上司的批评，最容易损害一个人的志气。我从不批评他人，我相信奖励是激发人更努力工作的原动力。所以，我喜欢赞美而讨厌吹毛求疵。如果说我喜欢什么，那就是：真诚、慷慨地赞美他人。"

每一个人都有一种共同的心理，那就是喜欢被人赞美。在这个世界上，没有一个人愿意听到别人的批评。销售员每天都要与不同的顾客打交道，赞美性的话语必不可少，这样才能令顾客高兴，从而使你实现成功的销售。发自内心的真诚的赞美，才更能获得人心，令人信服。

每个人都会爱不完美的自己，而赞美是让鼓励我们爱上不完美的别人。发自内心的赞美，会对赞美者自己的内心产生强烈的震撼，而对被赞美者而言，要知道自己的长处，并继而追求至善至美。但是，赞美不是鼓励你去溜须拍马，只有真诚的赞美，才能真正地打动他人。而打动是说服的前提，无论是谁，只有先被打动了，才能被说服，才愿意被说服。

▶▶ 赞美的艺术

(1) 如果你想让别人赞美你，那么，请你务必先对别人吐出赞美之词。从不赞美别人的人，一生之中也很难听到令人心情愉悦的赞美。这简直就是一件憾事！

(2) 每个人都有优点，都有值得别人学习的地方。承认对方的重要性，并由衷地表达出来，不仅不会让你产生任何损失，还会让你获得更多的友谊和尊重。

(3) 赞美不是溜须拍马，不切实际的赞美只会凸显你的无知和虚伪，所以，请表现出你的真诚。

成为对方的“自己人”

引言 一句看似简单的话，却具有化腐朽为神奇的巨大能量。当我们在天长日久的生活中早已习惯了说“我”而不是“我们”时，“如果我是你”也许能在某种程度上为你的过度自我和对他人的忽略做出弥补，还能让对方看到你的真诚与真心，这一点尤为重要。

汽车大王福特说过一句话：“假如有什么成功秘诀的话，就是设身处地地替别人着想，了解别人的态度和观点。”

卡耐基曾讲过关于自己请求旅馆经理打消增加租金念头的故事：

“我每季度都要在纽约的某家大旅馆租用大礼堂20个晚上，用来讲授社交训练课程。

“有一季度，我刚开始授课时，忽然接到通知，旅馆经理要我付比原来多三倍的租金。在得知这个消息之前，入场券早就印好后发出去了，其他准备工作也都做好了。怎样才能说服经理不涨租金呢？

“我对经理说：‘我接到你的通知时十分震惊。不过我并不怪你。如果我是你，或许也会和你一样。作为这家旅馆的经理，你的责任就是为旅馆增收。不这么做的话，恐怕你的经理位置就保不住了。如果你还是坚持要涨租金，那么让我们一起来算一笔账，或许你会改变看法。

“‘毫无疑问，大礼堂不出租给讲课的人而是出租给办舞会、晚会的人，肯定能赚更多的钱。租给我，你们肯定吃了大亏。

“‘如果你不租给我了，你们会得到更多的钱，却失去了免费做广告的机会。慕名来参加我们训练班的都是有文化、受过教育的中上层管理人员，很多时候，就算你肯花钱做广告，也未必能邀请这么多精英人士来你的旅馆参观。如果你白白浪费了这么好的免费做广告的机会，恐怕你会后悔莫及。我的话说完了，请仔细考虑后再答复我。’”

卡耐基之所以成功，在于当他说“如果我是你，我也会那样做”时，他已经完全站在了经理的立场，成了经理的“自己人”。接着，他站在经理的角度算了一笔账，看透了经理的目的——盈利，从而使经理心甘情愿地把情感的天平偏向了卡耐基这边。没有人会拒绝“自己人”好心的提醒或善意的建议，这正是说服者的高明之处。

一句看似简单的话，却具有化腐朽为神奇的巨大能量。当我们在天长日久的生活中早已习惯了说“我”而不是“我们”时，“如果我是你”也许能在某种程度上为你的过度自我和对他人的忽略做出弥补，还能让对方看到你的真诚与真心，这一点尤为重要。

说服者的成功，必然是以被说服者妥协、让步为代价的，而真正有能力的说服者，正是那些用三言两句就能让被说服者心情愉悦地改变自己的观点或立场的人。而那些妄图以声势压倒对方，从而将自己的意愿强加给对方的人，即使最后成功了，也只能算是个拙劣的说服者，因为说服讲求的是以理服人。

卡耐基认为，要想让别人相信你是对的，接受你的意见，首先要做的就是得到别人的好感，而只有站在别人的立场，多为对方考虑，才能实现前面的目标。感觉是一种很奇妙的东西，看不见摸不着，却往往能左右我们的思想。比如，我们常常会说“第一感觉很重要”，在与人相处时，如果初次见面的感觉不太好，给对方留下了不好的印象，可能会持续很长时间而无法改变。

很多人在与人交往时只顾自己的利益，对别人的利益不管不顾，就会给对方留下难以忘却的恶劣印象，直接影响交往的结果。但如果多为对方考虑，说出让对方产生同感的话，就会在对方的心里种上一粒善意的种子，既能让对方高兴，也能达到自己的目的，实现双赢的结果。

一家电器公司的销售员挨家挨户销售冰箱，当他来到一户人家时正好看见女主人在往冰箱里放东西，忙说：“哎呀！您这台冰箱太旧了，很容易出故障的。太太，您应该换台新冰箱了。”

还没等这位销售员说完话，这位太太立刻驳斥道：“你在说什么！这台冰箱是我5年前结婚时买的，质量很好，到现在还从来没有出过一次故障。新冰箱也不见得好到哪儿去，根本没必要换。”这位销售员只好无奈地走了。

过了几天，电器公司又派了一名销售员去拜访那位太太。简单地沟通后，他初步了解了太太的心理，便说：“这是一台非常有纪念意义的冰箱，因为耐用，所以对您有很大的帮助。”

销售员说出了太太的心里话，她高兴地说：“没错，我家这台冰箱已经用了很久，是有点旧了，我正在考虑换一台新冰箱。”

销售员说：“换了是有点舍不得，但是现在的冰箱质量都很好，既省电又环保，相信对您的家庭还是有好处的。如果您想换的话，可以看看我们公司的产品。”结果，这位太太订购了一台新冰箱。

许多推销人员，每天踏破铁鞋，疲累沮丧，所获却并不多。为什么呢？因为他们心里想的全是自己的需要。他们不知道你并不想买什么东西，如果想买的话，也就一定会自己出门。顾客总是喜欢主动采买，而非被动购买。

说服，不仅考验一个人的专业知识和口才，更重要的是说话的技巧。也许，同样一句话，同一个人用不同的语气或方式表达出来，就会产生不一样的效果。说服时难免会遇到不易说服的人，最好的办法就是付出自己的真心，让对方从心理上认为你和他是“同一个战壕里的伙伴”。如果感觉对方仍然坚持己见，不妨让自己适度冷却一下，先接受对方的想法，或者以对方“自己人”的身份说话。

卡耐基还说过：“能设身处地为他人着想，了解别人心里想些什么的人，永远不用担心未来。”而要敲响对方的“心铃”，唯一的途径就是洞察对方的心思，懂得对方真正想要的是什么。

不要忘记了这句智慧之言：说服靠的是灵活的头脑和精湛的口才，要用心去说服，而不是简单地用嘴说服，只有愚蠢的说服者才会那样做。

▶▶ 5分钟让陌生人打开话匣子的方法

（1）了解别人心里想什么，你才能得到自己想要的。

（2）成功的人际关系在于你能捕捉到对方观点的能力，还有，看一件事情须兼顾你和对方的不同角度。

（3）懂得换位思考，想别人之所想的人，才能得到他人的认可。

充分展示你的理由

引言 尽可能地让你的理由变得更动听，这样会让你在说服的道路上无往不利，因为理由才是真正能说服人的关键。

皮埃尔波特·摩尔根曾经说过：“指导人的行为通常有两种动机，一种是崇高的，一种是真实的，人们所考虑的是真实原因。但我们作为理想主义者，都喜欢崇高的动机。所以，如果想说服别人，就要让他觉得你的动机是高尚的，尽可能给他一个动听的理由。”

有一次，拿破仑·希尔应邀向俄亥俄州立监狱的服刑者发表演说。他一站上讲台，立刻在眼前的听众里看到了一位旧识。他就是威廉姆斯先生，他们早在十年前就相识了。

起初，威廉姆斯先生是一位成功的商人。演讲结束后，拿破仑·希尔与威廉姆斯先生进行了交谈，得知他因为伪造文书而被判了20年有期徒刑。听完威廉姆斯先生的故事后，拿破仑·希尔信心十足地对他说：“我的朋友，放心吧，我敢保证，你会在60天内离开这个鬼地方的。”

威廉姆斯先生苦笑着说："我亲爱的希尔，我很佩服你的精神，但我真的不敢相信你的这句话。你知道吗，到目前为止，已经有二十多位具有影响力的人士绞尽了脑汁，用尽了方法，也没能帮我脱罪。所以现在，我已经放弃了，因为这根本是不可能的事。"

大概就是因为他最后的那句"这是不可能的事"向拿破仑提出了挑战，他决定向威廉姆斯先生证明，一切都是有可能的。

拿破仑·希尔回到纽约市，请求他的妻子收拾好行李，准备在哥伦布市俄亥俄州立监狱所在地停留一段时间，但具体停留的时间暂时还不能确定。

拿破仑·希尔的脑海中有一项"明确的目标"，这项目标就是要让威廉姆斯先生离开俄亥俄州立监狱。他从来不曾怀疑过自己的能力。他和妻子来到哥伦布市，买了一处高级住宅，像要在这里定居一样。

第二天，拿破仑·希尔去拜访俄亥俄州州长，向他表明了此行的目的。

拿破仑·希尔是这样说的："州长先生，我这次是来请求您下令释放威廉姆斯先生的。我有充分的理由，请求您释放他。

"我希望您立刻给他自由，因此我准备留在这儿等着他，直到他被释放为止。

"在服刑期间，威廉姆斯先生在俄亥俄州立监狱推出了一套函授课程，您当然也知道这件事：在他的影响下，俄亥俄州立监狱里的2518名囚犯中的1728人参加了这个函授课程。为了让这些囚犯学习起来更容易，他已经设法请求获得足够的教科书和课程资料。难得的是，他这样做并未花费州政府的一分钱。监狱的典狱长和管理员告诉我，他一直很小心地遵守监狱的规定。当然了，一个能够影响1700多名囚犯努力学习的人，绝对不可能是坏人。

"我来此请求您释放威廉姆斯先生，因为我希望您能指派他担任一所监狱学校的校长，这将使得美国其他监狱的16万名囚犯获得学习的机会。

“我准备担负起他出狱后的全部责任。这就是我的要求。但是，在您作出答复之前，我希望您知道，我非常理解您目前的处境：如果您释放了他，而且您又决定竞选连任的话，您很可能会失去很多选票。”

俄亥俄州州长维克·杜纳海先生紧握拳头，宽宽的下巴表现出了坚定的毅力。他说：“如果这就是你关于威廉姆斯先生的请求，我会如你所愿，哪怕这样做会使我损失5000张选票，也在所不惜。”

这项说服工作就此轻易完成了，而整个过程竟然只用了不到五分钟。

三天后，州长签署了赦免状，威廉姆斯先生告别了监狱，再度恢复了自由之身。

拿破仑之所以能够成功地说服州长，和他的周密考虑和精心安排是分不开的。在说服工作开始前，他已经了解到威廉姆斯先生在狱中表现良好，对1728名囚犯提供了良好的服务。当他创办了世界上第一所监狱函授学校时，同时也为自己打造了一把打开监狱大门的钥匙。

为了监狱函授学校能影响更多的囚犯，这个理由在州长看来确实是非常动听，对整个社会的稳定具有十分重要的意义。他根本没有理由不答应拿破仑·希尔的请求。而在拿破仑·希尔之前的人在替威廉姆斯先生辩解时，大多数是说“他家世显赫，从小就受过良好的教育，所以不可能是坏人”，很明显，这个理由与拿破仑·希尔的理由存在天壤之别，毫无说服力。

有一次，诺德·诺斯克利夫发现一家报纸刊登了一张自己不想公开的个人照片，于是给编辑写了这样一封信：“请不要刊登我这张照片，因为我的母亲不喜欢这张。”而不是说：“请不要刊登我这张照片，因为不喜欢这张。”

诺德·诺斯克利夫运用了人们尊重母亲的心理，使前一个理由听起来比后一个理由动听多了，从而更具有说服力了。

约翰·洛克菲勒为了制止报社的摄影记者为孩子拍照，也用了一个很动听的理由。他没有说："我不喜欢我孩子的照片被登上报纸。"而是利用人们保护小孩的心理说："大家都了解小孩子的天性，也许你们自己就有小孩子。你肯定知道，他们这么小就出风头并不是一件好事。"

一般来说，只要你的动机足够高尚，理由足够动听，你就可以说服任何人。因为，在这个世界上，从来没有人会拒绝高尚、动听的东西。

⋙ 动听的理由才能打动人

（1）如何让你的说服容易被他人接受，关键在于你的理由是否充分、是否动听。一个动听的理由，几乎很少会有人拒绝。

（2）成功的销售员总是会这样说：我只是想为你解决问题，而不是为了钱。如果能竭尽全力让对方相信，十之八九会成交。

第三章
谨言慎行，不要败在说话方式上

作为一个普通的个体，你当然有犯错的权力，但作为一个想成为说服高手的人，有些错误你坚决不能犯。真正的说服高手，不是从来不犯错的人，而是那些从来不犯不应该的错的人。也许只是一句简单的话，就足以让你之前的努力功亏一篑。

多说不如多听

引言 伏尔泰说："耳朵是通向心灵的道路。"会说话不等于什么场合都滔滔不绝，只能当主角而不能做观众。如果你希望自己成为一个善于谈话的人，首先就要做一个善于倾听的人。

有研究显示，由于说话比倾听的速度慢，所以听要比说难。人每分钟能说135个字左右，但是思考的速度，却至少要快四倍。也就是说，在一定的时间里，对方能说100个字，你却能听400个字。显然，你有许多空余时间来胡思乱想，而这就是问题的症结所在。实际上，我们也会有这样的感受，说话确实比倾听要容易得多。

西方有一句著名的话：雄辩是银，倾听是金。善于倾听的人往往会成为说话的高手，成为最受欢迎的人。这还不够，在商业会谈中被誉为"神秘的秘诀"的，也正是"专心致志地倾听正在和你讲话的人"。

世界上最伟大的推销员乔·吉拉德曾说过："世界上有两种力量非常伟大，一是倾听，二是微笑。"

有一次，乔·吉拉德花了近一个小时才让他的顾客下定决心买自己推销的车。接下来，乔·吉拉德要做的仅仅是让顾客走进他的办公室，然后把合约签好。然而，就在接下来的短短几分钟里，订单就泡了汤。发生了什么事呢？

当他们向乔·吉拉德的办公室走去时，那位顾客开始向乔提起了自己的儿子。顾客十分自豪地说：“我儿子考进了普林斯顿大学，马上就要当律师了。”

“那真是太棒了。”乔回答。

当他们继续向前走时，乔却看着其他顾客。

“乔，我的孩子很聪明吧？当他还是婴儿的时候，我就发现他非常聪明。”

“成绩肯定很不错吧？”乔敷衍着，眼睛忍不住四处看着。

“是的，他一直是他们班最棒的学生。”

“那他高中毕业后打算做什么呢？”乔完全心不在焉。

“乔，我刚才不是说了，他考进大学去学法律，将来会是一名律师。”

“噢，那太好了。”乔说。

那位顾客看了看乔，觉得乔太不重视自己所说的话了，说了一句“我该走了”便走出了车行，就把乔丢在了原地。

乔·吉拉德下班后回到家，认真分析了自己做成的交易和失去的交易，并开始反思自己的言行。

第二天上午，乔·吉拉德一到办公室就给昨天那位顾客打了一个电话，诚恳地询问道：“您好，我是乔·吉拉德，有一款好车非常适合您，请您过来看看。”

“哦，世界上最伟大的推销员先生，”那位顾客说，“谢谢你的好意，我已经从别人那里买到车了。”

“真的吗？”

“是的。我是从那个欣赏我的推销员那里买的。乔，当我提到我儿子时我是多么骄傲啊！我发觉，他听得非常认真。”顾客沉默了一会儿，接着说，“你知道吗？乔，你并没有听我说话，你关心的只是你的交易，一点也不关心我的儿子。”

乔·吉拉德终于明白自己为什么会失去这名顾客了，他竟然犯了这么严重的错误。

乔·吉拉德连忙对顾客说：“先生，如果您是因为这件事而没有从我这里买车的话，那么确实是我的错。换了是我，我也不会从那些不认真听我说话的人那儿买东西。真的很对不起，请您原谅我。您想听听我现在的想法吗？”

“好的，请说。”

“我觉得您真的是一位非常伟大的父亲，而且送您儿子上大学也是一个明智之举。我敢肯定，您儿子一定会成为世界上最成功的律师之一。我为之前的行为向您道歉，恳请您给我一个赎罪的机会。”

“什么机会，乔？”

“如果以后您能再来，我一定会让您看到一个忠实的听众。当然，这都是我的错，即使您不来，我也无话可说。”

两年后，那位顾客从乔·吉拉德手中买了一辆汽车。不仅如此，他还给乔·吉拉德介绍了很多新客户。后来，乔·吉拉德还卖了一辆车给一位年轻的律师，他就是那位顾客的儿子。

从此以后，乔·吉拉德再也没有在与顾客谈话时分心，因为他明白了一个道理：倾听是对顾客最大的赞美和最高的恭维。每一位顾客走进店里，他都会热切和他们拉拉家常，询问他们的家人、兴趣爱好等，然后就是认真地倾听。

每个人都对自己的经历和所做的事情怀着莫大的兴趣，最高兴的事莫过于和他人谈及这些事情。如果你希望自己成为一个善于谈话的人，首先就要做一个善于倾听的人，因为人人都有倾诉的欲望。因此，成功的推销员正是那些愿意倾听顾客说话，并主动将说话的机会传递给顾客的人。

一家机电公司的经理经常向某电子产品厂家订货，有一次，一位记者问到这家机电公司为什么偏偏会选择那家电子产品厂家，因为它的产品并不是该市质量最好的。机电公司经理是这样回答的："我之所以会大量购买他们公司的产品，是因为我很欣赏他们的推销人员，我认为他们是我所见过的最棒的推销人员。他们总是认真地倾听我说话，并且从来不会打断我。"

但事实上，我们经常会遇到这样的情况：

一些商店租用豪华的店面，用流行的装修设计，甚至不惜耗费巨资做广告，生意却始终冷冷清清，问题其实就出在他们的服务员上。这些服务员虽然外表光鲜亮丽，却从来不忠实于他们的工作，不忠实于他们的顾客，而是纯粹地把自己当成一部挣钱的机器，因此他们冷若冰霜，傲慢无礼，肆意地打断顾客的谈话，反驳他们的观点，激怒他们，有的甚至还会把他们赶出门。这样的服务员，与其说是对工作不负责，还不如说他们是对自己的人生不负责。这样的服务员，很难在事业上取得任何成功，而拥有这样的服务员的企业，注定不会取得长足的发展。

倾听，有时候是对对方最大的尊重。你听得越认真，就越让他觉得自己很重要、很有价值。倾听需要的不仅仅是两只耳朵，更重要的是心，否则就永远无法成为一名忠实的听众，当然就无法获得他人的真心。这个简单的道理，其实根本没必要非要去上大学才能领悟。

倾听是对他人的尊重，是一种赞美，能使对方喜欢你，进而信任你。因此，想要说服对方就要先学会倾听，让他喜欢上被欣赏、被重视的感觉，做到这些你会发现，这世界上没有比说服更简单的事了！

鼓励对方多说，好过自己多说

（1）在谈判或销售中，谁先说，说得更多，就更容易亮出自己的底牌，从而将自己置于不利的地位。对方说得越多，你成功的几率就越大。

（2）我们可以在他人的谈话中找到你打算继续的话题。

（3）即使是我们的朋友，他们也不愿意我们多夸耀自己的过去，如果你能多花点时间去谈论他们的成就，或者让他们开口谈论自己的成就，谈话的气氛会变得更和谐。

永远别说“你错了”

引言 真是不明白，经验无数次告诉我们，批评和指责并不能达到我们所要的效果，为什么人们总是试图固执地继续下去呢？

约翰·华纳梅克曾经说：“在30年前，我就已经明白，批评别人是愚蠢的行为。我并不埋怨上帝对智慧的分配不均，因为要克服自己的缺陷已经是非常困难的事了。”

著名的心理学家史金勒曾经通过一系列动物实验证明：因好的行为受到奖赏的动物，学习速度更快，记忆的持续力也更久；因坏的行为而受到处罚的动物，则速度或持续力都比较差。之后的研究结果显示，这个原则对人同样有效。批评不但于事无补，反而招致愤恨。

另一位伟大的心理学家希勒也说：“更多的证据显示，我们总是希望得到别人的赞扬，同样我们也都害怕受人指责。”

首先，我想问你：如果你想说服一个人，但是那个人显然不太想接受，你会怎么样？没猜错的话，大多数人的回答会是这样的：继续努力，竭尽全力，直到说服他为止。如果你的目的只是说服，那么请记住一句智慧之言：当你的批评、责备之语即将冲出口时，一定要及时拉住它们，因为批评和指责永远无法达到我们所要的目标，批评的效果远不如耐心的、心平气和的说服。

批评毫无作用，它使人采取守势，并常常为自己的错误竭力辩护。批评充满危险，它常常伤害一个人宝贵的自尊，伤害一个人的自重感，并激起他的反抗。批评所带来的羞愤，常常使雇员、亲人和朋友的情绪大为低落，并且对应该矫正的错误，没有一丝一毫的好处。批评对于事情并没有任何改善的例子，在历史上司空见惯。

罗斯福和塔夫脱总统之间有一段广为人知的争论——导致共和党分裂的争论，直接导致伍德洛·威尔逊入主白宫，并在第一次世界大战中写下了辉煌的一页。

1908年，罗斯福走出白宫，到非洲去猎狮子，同为共和党人的塔夫脱当选为总统。当罗斯福回到美国后看到塔夫脱的保守作风，不禁暴跳如雷。罗斯福开始公然抨击塔夫脱，还准备再度出来竞选总统，并打算另组“进步党”。这几乎导致共和党的瓦解。果然，在接下来的选举中，共和党只赢得了两个区的选票——弗蒙特州和犹他州，这是共和党有史以来最大、最空前的惨败。

面对罗斯福的指责，塔夫脱是否承认了自己的错误呢？当然没有，他眼含泪水为自己辩解道：“我不知道所做的一切有什么不对。”

下面让我们再重温另一个重要的事件，这个事件让整个国家都为之震惊，公众舆论也为此批评了许多年。在这代人的记忆中，美国政坛上还没有出现过这类丑闻——油田舞弊案。

哈丁总统的内政部长阿尔伯特·弗尔，当时是政府在阿尔克山丘和茶壶盖地区油田负责出租事宜的主管，这些油田是政府未来海军用油的保留地。

但弗尔没有公开招标，而是干脆把这份优厚的合同给了杜梅克，即他的朋友。相应的，他得到了杜梅克“借”给他的10万美元“贷款”。然后，弗尔部长为了避免周围的油井吸干阿尔克山丘的原油，又令美国海军进入该区，赶走了那些有意投标的竞争者。由于这些竞争者是被强行赶走的，不甘心的他们走上法庭，揭发了著名的茶壶盖油田舞弊案。这桩丑闻轰动全美，几乎毁了哈丁总统的政府，也导致共和党几乎垮台，弗尔部长本人则锒铛入狱。

弗尔部长受到公众广泛的谴责，终其一生，此景从未有过。那么，他后悔过吗？没有！一点儿也没有！甚至他身边的人们都没有表示过后悔。多年以后，胡佛总统在一次公开演讲中说，哈丁总统是由于被朋友出卖，神经受到过度刺激而忧虑至死的。当时，弗尔部长的夫人从椅子上跳了起来，失声痛哭，攥紧拳头大声嚷道：“哈丁是被弗尔出卖的吗？不，我的丈夫从来没有辜负过任何人。我的丈夫不会背叛任何人，即使整座房间都堆满了黄金。他被钉上十字架，充当了牺牲品，是别人出卖了他。”

或许现在你会明白，做错事之后只知道责怪别人，而不会责备自己，就是人类的天性！其实我们人人如此。因此，当我们以后想要批评别人的时候，就不要忘了这些人——阿尔卡普、“双枪手”科洛雷和弗尔。

柯立芝总统在任时，卡耐基的一位朋友受邀到白宫度周末。他来到总统个人办公室时，看见总统正对他的秘书说：“你今天衣着不错，这让你看起来年轻、漂亮。”

秘书感到很意外，因为柯立芝总统平时是不怎么说话的，因此，听到他的一番赞扬，这个年轻的姑娘脸红了，有点不知所措。柯立芝总统又说：“你不要得意忘形了。我夸你是为了让你心里好受些，以后，我希望你好好注意一下自己对标点符号的用法。”

柯立芝这样说可能显得太直率了，但他对人类心理的把握还是有可取之处的。一般来说，我们先听一下别人的夸奖，再听他对我们的批评时，心里就会好受一些。所以，你知道应该怎么做了吧？

➤ 如何让你的批评更好听

（1）引导而不是反驳。除了伤害对方的自尊外，言辞激烈的反驳几乎一无是处。

（2）暗示而不是指责。直言不讳的指责会激起对方的强烈不满，在这种情绪的引导下，即使你的说理再通透，也很难说服任何一个人。

（3）建议而不是命令。如果你张口闭口都是命令别人做这个或者不做那个，你会发现没有人会把你的命令当回事。但如果你换成建议的口吻，你就会发现事情简单多了。

（4）拉拢而不是排斥。想要说服别人，当然要在对方心情愉悦的时候，这种正面情绪占主导的时刻说服的成功率往往更高。

切勿在说服中伤了对方的自尊

引言 纵使别人犯错，而我们是对的，如果没有为别人保留面子，就会毁了一个人。强势的态度不仅达不到我们预期的目标，而且还可能偏离得更远。因为没有人乐意听从别人的指使，没有人喜欢别人告诉他应该怎么做，应该怎么想，这似乎是人的天性。

法国传奇飞行家、作家托安娜·德·圣苏荷依说：“我无权伤害任何一个人的自尊。关键不是我认为他怎样，而是他认为自己怎样，伤害他人的自尊无异于犯罪。”

心理学研究表明，没有一个正常人愿意把自己的错处或隐私暴露在光天化日之下，自己的隐私一旦在公众面前曝光，就会感到无比难堪或异常恼怒。即使是一片好心，也绝对不要当众指出他人的错误，他们永远不会因此而感激你，你也不会因此而得到半点好处。

费城一家大商店的经理华纳梅克有一次到商店巡视，发现有一位顾客在柜台前站了很久却没有一个店员理会她。

那些店员挤在一个角落里高兴地聊天，全然不顾店里的生意。华纳梅克见此情形，并没有大声斥责店员，而是悄悄地走进柜台亲自接待了那位顾客，当作什么都没发生一样把顾客要买的东西交给店员去打包，然后一言不发地离开了商店。

据说，经过这件事，这些店员再也没有犯过同样的错误，因为在上司无言的批评中为他们保留了自尊，这种被尊重的心理促使他们在工作中更用心。

当你不得不批评别人时，请记住一句忠告：无论如何，请确保你的批评是善意的，并且语气要委婉。

批评的本意是帮助对方认识错误，改正错误，从而更快、更好地完成工作，而不是以强硬的姿态和威逼的语气去强迫对方改正，这样只会适得其反。

批评他人时，如果语气委婉，站在对方的立场上以关怀、爱护、真诚的态度对待他，被批评者就会欣然接受；相反，如果是一副阴沉的面孔和严厉的口吻，对方就会因为被伤了自尊心而心生反感，也就达不到批评的目的。

俄克拉荷马州一家工程公司的安全检查员乔士得的工作是检查工地上的工人是否戴了安全帽。一开始，当他看到那些没有戴安全帽的工人时，他会立即批评他们，并且命令他们立刻戴上。但是，这种方法收效甚微。工人当着他的面会戴上安全帽，但他一走，他们就会马上摘下来。

后来，乔士得改变了自己的做法。当他看见工人没有戴安全帽时，他会微笑着询问对方是不是安全帽戴在头上不舒服、大小不合适。然后，他会对工人讲述安全帽的重要性，建议他们为了自己的安全而戴上安全帽。结果可想而知，所有的工人在工作时再也不会忘记戴安全帽了。

批评之所以被人拒绝，原因只有两种：

第一，批评者不了解当事人的处境和造成错误的原因，使当事人感到委屈；

第二，批评者站在权威性或高人一等的立场，使当事人感到自尊心受挫而对批评者产生强烈的反感。不管是哪种原因，实际上都是由于批评者不讲求说话的技巧而造成的。

那么，在纠正他人的错误时应该采取什么样的方式更容易让对方接受呢？以下方法可供参考。

第一，对人要具有极大的同情心，这样就不会对人吹毛求疵，反而会对其产生错误的原因加以谅解。而且，我们要时刻保持和对方站在同一立场的心态。

第二，说话要温和委婉，杜绝用刺激性或使人听了不舒服的字眼。如果语气令人无法接受，即使对方表面上接受了，心里也会不服气。

第三，话不在多，纠正他人的错误时说得越少越好，最好是一两句话就能使对方明白，然后将话题转到其他方面，不能喋喋不休，让对方产生窘迫甚至反感之情。

第四，面对别人的错误，我们指出并加以指正是应该的，但同时更应该对其正确之处进行肯定或赞扬。这样才能使对方心理平衡，心悦诚服。

第五，在说服他人之前，最好的办法是让对方不知不觉地认可自己的想法，让他觉得是他自己改正了，而不是在你批评之后改正了，这一点非常重要。

第六，对于别人出现的不可挽回的过失，应该站在朋友的立场上恳切地指出来，使他真心地意识到自己的错误并改正，而不应该一味地指责。记住：无论什么时候，什么理由，都不要轻易地指责任何人。

第七，语气非常重要，指出别人的错误时最好用请教式的温和语气，没有任何人愿意接受他人自上而下的命令式的口吻。

第八，批评不一定要直言不讳，隐秘地指出他人的错误，能维护对方的自尊心，使他自觉地改正过失。

心理学家指出，任何人都不喜欢被人批评，即使他知道自己确实做错了。这种强大的力量中有很大一部分是自我认同感在起作用。当自己所相信的东西被怀疑或否定之后，每个人都会产生一种焦虑，感到自己的自尊被伤害了，甚至感到自己的安全失去了保障。于是，他会本能地拒绝承认自己的误，即使他可能认为你说的是对的。

因此，当你想说服一个人，让他明白自己的错误时，千万不能直接指出对方的错误。但实际上，很多人已经或正在犯这样的错误。

很多时候，我们只要换一种表达方式，就能轻易地达到说服的目的。

查尔斯·史考勃有一次经过他的钢铁厂，看见几个职工在“严禁吸烟”的大牌子下吸烟。史考勃没有简单地斥责他们“难道你们都是文盲吗”，那样只会招致工人对他的憎恨，而是采用了充满人情味的方式。

他走上前去，友好地递给他们几根雪茄，然后说：“诸位，如果能到外边抽烟，那我真是感激不尽了。”吸烟的人都感到不好意思，知道自己违法了规则，自觉地掐灭了烟头，同时也对史考勃产生了好感和尊敬之情。

安妮太太请了几位技术非常好的工人加盖房子。头几天，他们总是把院子弄得乱七八糟的，到处都是木屑。

一次，在他们结束一天的工作后，聪明的安妮太太不动声色地叫来她的孩子们，和他们一起把木屑清理干净，堆到院子的角落里。

第二天，工人们来的时候她高兴地对工人们说：“你们昨天把院子打扫干净了，我非常高兴。说真的，昨天我们的院子是最干净的一次。”工人们听到这些话后也很高兴，此后每天收工后都会把院子收拾干净。

我们只要在指出对方错误的同时，注意维护对方的自尊，往往就能收到很好的效果。这其实出自人的本性，因为我们永远无法改变自己人性中的弱点，所以就只能使自己所做的事符合人性。和颜悦色地劝服，让人心悦诚服地接受，只有聪明的人才能做到这一点。

尊重别人就是尊重自己

（1）有时候，即使我们是正确的，别人是错误的，但若让对方丢面子的话，那就是你的错。

（2）如果你想要说服一个人，就一定要让他产生被尊重的感觉。

勇于承认自己的错误

引言 承认错误并不是令人不齿的事情，相反，勇于承认错误本身就是一种说服力。一个有勇气承认错误的人，不仅可以得到心灵上的满足，更会获得他人的尊重和认可。

就像用拳头击打一样，伸着的拳头要想打出去，必须先缩回来。你如果先承认自己也许有错，别人才可能和你一样宽容大度，认为他有错。

虽然我们从小就被教育要诚实，但遗憾的是，我们中的一些人根本无法做到这一点。大多数情况下，我们会为了维护自己的尊严或出于自我保护而绞尽脑汁找出各种理由为自己辩解，拒绝承认自己的错误。事实上，承认我们已犯下的错误，并不会对我们的自尊心有丝毫的损伤，反而还会给人留下谦逊的印象，更有利于解决实质性的问题。愚蠢的人总是想尽办法为自己开脱，聪明的人却恰好相反，会毫不掩饰地老实交代，往往会得到更多的东。

布鲁士到这家维修店工作的时间不长，就因为热情的工作态度而得到了老板和同事们的一致好评。但是有一天，布鲁士一时大意，把一台价值

5000美元的汽车发动机以2500美元的价格卖给了一位顾客。同事们给他出主意，让他立即去追回那位顾客。万一追不回，就自认倒霉，私下里垫上这2500美元。但布鲁士觉得这样做不妥，决定向老板承认错误。同事们都阻止他，因为这可能会导致他被解雇，但他还是决定这样做。

布鲁士拿着一个装了钱的信封来到老板的办公室。“对不起，迈克尔先生，”布鲁士诚恳地说道，“今天，我犯了一个很大的错误，使维修店蒙受了2500美元的损失。我为自己犯的错而感到羞耻，我决定主动辞职，在走之前，我会弥补店里的损失。这是2500美元，请您收下。”

迈尔克先生听后，沉默了一会儿，然后对布鲁士说：“你已经想好了吗？”

“是的，迈克尔先生，”布鲁士回答道，“我把发动机的价格弄错了，既然是我的错，我就必须承担责任。我本来可以去找那位顾客，但这样会损害我们店的声誉。现在，这是最好的解决办法了。”

结果正如我们想象的一样，老板迈克尔先生并没有因为2500美元的损失而解雇布鲁士，反而对他主动承认错误的勇气赞誉有加，更加器重他，他因此得到了更大的发展空间，这一切远远超过了2500美元。正如莎士比亚所说：“最好的好人，都是犯过错误的过来人；一个人往往因为有一点小小的缺点，将来会变得更好。”

雨果在《悲惨世界》中写道：“尽可能少犯错误，这是人的准则；不犯错误，那是天使的梦想。尘世上的一切人都是免不了错误的。错误犹如一种地心引力，无法抗拒。”任何人都无法保证自己所做的每一件事都是正确的，因此承认错误并不是什么可耻的事。

艾伯·赫巴是全国公认的最具创造性的作家，他的讽刺性文字常常引起别人强烈的反感，他却总是能用自己特别的待人处世的技巧化敌为友。比如，当一些恼怒的读者写信来反对他的某篇文章，并在末尾痛骂他一顿时，他会做出这样的回答：“细想起来，我也不认为我自己任何时候都是对的。我昨天所写的东西，今天我也不一定全都满意。我很高兴知道你对这类问题的看法，如果下次你到附近来的话，期待你的大驾光临，我们可以相互交流，谢谢！”

当你犯错误后，与其让别人指出你的错误，还不如主动做出自我批评，对方也就不好再多指责了。一味地为自己的错误辩解，会让人觉得你是个不负责任的人，很难有人会愿意和这样的人相处。无论是企业在挑选员工还是人们在选择合适的终身伴侣时，责任心都是非常重要的考量标准。不要害怕别人会笑话你主动承认错误，其实就算你不承认，他们不但会给你指出来，而且更会讥笑你的怯懦和虚伪。

史密斯先生的侄女约瑟芬离开在美国加州的家，去纽约做史密斯先生的秘书时年仅19岁，她才刚高中毕业，对于商业常识和生意上的事一窍不通。但她在待人接物上很老到，受到了很多客户的好评。有一段时间，她经常犯一些错误。有一次，史密斯先生忍不住想批评她几句，但再一想，她还年轻，阅历浅，要求不能太严厉，于是和颜悦色地对她说：“现在你做错事情有可原，我在像你这么大时做的错事比你多得多，所以我相信，随着你的年龄和阅历的增长，能力也会越来越强。现在，你照我说的去做，不是好多了吗？”

先承认自己有错，然后再指出别人的错误，更容易让人接受。这是史密斯先生的经验之谈。据我所知，史密斯先生一直坚守这样的人生信条，赢得了客户和职员的尊敬，并让其公司发展得蒸蒸日上。

哈尔德·伦克是道奇汽车在蒙他州比林斯的代理商，他在这方面具有丰富的经验。汽车销售行业的压力非常大，起初，他在处理顾客的抱怨常常表现得铁面无私，让人觉得冷酷无情，因此和顾客发生了很多冲突，导致顾客锐减，几乎无法维持正常的运转。

认识到自己的错误后，哈尔德开始尝试另一种办法，他经常说的一句话变成了"我们确实犯了不少错误，真是不好意思。关于你的车子，我们可能也有错，请你告诉我。"

哈尔德坦承："这个办法在解除对方的心理防备方面非常有效，等他气消了之后，他往往会变得更通情理，事情就变得容易解决了，经常会有顾客对我的谅解而向我致谢，还有两位顾客介绍他们的朋友来买新车子。随着市场竞争的不断增强，我们迫切需要更多这样的好顾客。我越来越相信，对顾客所有的意见表示尊重，并且以灵活和礼貌的方式加以处理，就会有助于胜利。"

用争斗的方法，你永远不会得到满足；用让步的方法，你的收获将比你期望得更多。记住这句智慧之语，就意味着你的人生成功了一半。如果你想成功，成为一位说服高手，请在你的脑子里种下这样一粒种子：如果你错了，一定要迅速而坦诚地承认自己的错误，这是让你变得谦恭和高尚的最好办法。事实上，勇敢地承认自己的错误，正是所有伟大的人物所共有的高尚品德。

⋙ 在批评对方之前先自我批评

（1）即使是别人的一点错误，人们也会看得非常清楚，却偏偏对自己的错误视而不见。

（2）如果批评者在谈话刚开始时就先谦逊地承认自己也不是无可指责的，然后再指出别人的错误，那么情形就会好得多。

（3）批评不是争论，也不是有话直说，而应该运用一些方法和技巧。

退一小步才能进一大步

引言 说服他人，特别是那些抱有成见的人，最好的办法就是退一步。适时地退让，显示的是你对对方的尊重，更容易赢得对方的好感，说服起来就会变得容易得多。

“世界上第一步成文宪法诞生于我们国家，此前我国正处于独立战争时期，由于许多政治学者的参与，制宪问题因无法达成一致意见而一再拖延。”

当时的富兰克林是一位政治家，但他同时也是一位伟大的演讲家，经常能使敌对双方化敌为友，扭转不利局势。

制宪会议在费城召开时，场面非常混乱，几个党派爆发了激烈的争吵，甚至发展到互相进行人身攻击的糟糕局面。

为了缓和紧张的气氛，平息激烈的冲突，富兰克林发表了一番言论：

“说心里话，我也不太赞同这部宪法，但是我找不到适合的理由去反对。到今天为止，如果我得到了更好的资讯，也会慎重地考虑，有时候甚至会改变以前的想法。任何重要的问题都一样，原本以为自己的判断是准确的，最终会发现并不如此。虽然今天各位的想法都不一样，但请看在全体美国人共同利益的份儿上，暂时放下个人之间的争执，共同签署宪法案吧！”

很多时候，在遭到他人的言辞拒绝或强迫式的说服时，大多数人的反应都是“以强对强”，也就是常说的“以其人之道还施彼身”。但事实上，这种针锋相对的反击方式并不高明。即使你的观点一开始就被人否定了，但不要着急，这并不代表你说服不了他。真正的说服高手，一定善于运用“以退为进”的技巧。

在1805年的奥斯特利茨战役和1807年的弗里德兰战役中，俄军在法军猛烈的进攻中溃败，实力被极大地削弱了，刚登基的亚历山大一世为重整旗鼓，与拿破仑展开了新一轮的较量。他使用了新的斗争策略，以卑微的言辞讨好对方，处处表现出退让的姿态，以屈求伸。

为了对付英国，拿破仑迫切需要与俄国交好，所以亚历山大一世一见到他就投其所好：“我和你一样痛恨英国人，如果你要对英国采取什么措施，我一定会支持你。”

1808年秋，拿破仑决定邀请亚历山大一世在埃尔富特进行第二次会晤，目的是避免两线作战，以法俄两国的伟大友谊来威慑奥地利。消息传到俄国宫廷，激起一片抗议声。皇太后在给亚历山大一世的信中说：“亚历山大，你千万不能去，如果去了，你就会葬送帝国和家庭。不要拒绝我出于荣誉感对你的要求。我的孩子，我的朋友，及时回头吧。”

但是，亚历山大一世认为，目前俄国的力量还不足，必须佯装同意拿破仑的建议，应该“造成联盟的假象以麻痹之，我们要争取充足的时间做好妥善的准备，只要时机成熟，就可以逼拿破仑下台”。

来到埃尔富特后，亚历山大一世恭言卑词，在两个星期的会晤中，与拿破仑形影不离。有一次看戏，当女演员念出伏尔泰《俄狄浦斯》剧中的一句台词，“和大人物结交，真是上帝恩赐的幸福”时，亚历山大一世竟然装模作样地说：“在这里的每一天，我都深深地感受到了这一点。”

还有一次，亚历山大一世有意解下腰间的佩剑，却发现自己忘了佩带，于是拿破仑把自己刚刚解下的宝剑送给了亚历山大一世。亚历山大一世装作很感动，热泪盈眶地说：“这把剑代表的是您对我的友好，请您一定要相信，我将永不举剑反对您。”

1812年，俄法之间的利益冲突已经十分尖锐，这时，亚历山大一世认为俄国已经准备充足，于是借故挑起战争，一举击败了拿破仑。亚历山大一世总结经验时是这样说的：“拿破仑认为我只是傻瓜，但是谁笑到最后，谁才笑得最甜。”

说服他人，特别是那些抱有成见的人，最好的办法就是退一步。适时地退让，显示的是你对对方的尊重，更容易赢得对方的好感，说服起来就会变得容易得多。

如果你在说服别人的过程中，特别坚持自己的主张和观点，试图使自己彻底击溃对方而占得上风，那对方反而会加强防范、顽固对抗，结果就会适得其反。毕竟，人都是有自尊心的，就连三岁孩童也有自尊心，谁都不喜欢自己被人不费力地说服而受人支配。

这时，你应该先顺应对方的意思，肯定对方的想法，再有意无意地以婉转的说法表达自己想说的话，才不会让对方发现你的意图。

一位知名的律师替人辩护，由于这宗命案与许多高层人物脱不开干系，因此还没有正式审理就显得扑朔迷离。

在这种情况下，如果他替被害人辩护，也许很快就会遭到有权势的人的打击报复，因此他想了一个自保的策略。

开庭前，这位律师当着新闻记者和旁听席上的观众的面说了一席话：“如果今天我走出法庭后神秘失踪或被谋杀，各位可以从我今天的辩护内容中找到线索。如果将来我遭到莫名的陷害或指控，那么一定是仇恨我的人在伺机报复。”

律师的这番话，正是运用了对方既想报复又不想遭人非议的心理，置之死地而后生，预先将最糟糕的结果揭穿，从而保住了自己的性命。

一天，歌德和冤家对头狭路相逢。对方傲慢地说：“我有个习惯，从来不会给蠢猪让路。”歌德则从容地说：“我恰好相反，总是会给蠢猪让路。”说完这句话，歌德主动给对方让了路。

罗斯柴尔德家族从16世纪就开始在德国法兰克福的犹太区定居，并默默无闻地度过了两个多世纪，直到18世纪才开始发迹。这个古老的家族兴旺发达的最大功臣，是梅耶·罗斯柴尔德。

罗斯柴尔德在实践中清楚地意识到，接近掌握巨大权势的领主，并博得其欢心是使自己在犹太人备受歧视的社会脱颖而出的最好办法。

一次，他荣幸地被当地鼎鼎大名的比海姆公爵召见了。罗斯柴尔德知道这次召见是一次千载难逢的好机会，于是把自己精心准备的、花了很大价钱收集的古钱币低价卖给了公爵，同时还极力帮助公爵收集古币，并时常介绍一些能让公爵赚很多钱的顾客。久而久之，罗斯柴尔德与公爵的关系发生了很大的变化，他们形成了长期稳定的合作关系，而不只是普通的几笔买卖的关系。

一两次的“舍本大减价”其实并不难，真正难的是一直“吃亏”下去，这不是一般人能做得到的，而这正是罗斯柴尔德能够成功的地方。当时，虽然能自由地出入宫廷，但是他的经济状况并不好，相当拮据。然而，从长远利益出发，他甘愿舍弃眼前的蝇头小利，不惜在与贵族、领主、大金融家等具有巨大潜在利益的人物打交道时无条件地做出牺牲。

功夫不负有心人，罗斯柴尔德的付出终于有了回报。25岁那年，他终于成为“宫廷御用商人”。从此，罗斯柴尔德家族开始发迹，并逐渐登上了世界舞台。

如果短期的亏损能换来长期的利益，自然是再好不过了。而具有远见卓识，有勇气、有魄力为了长期的利益而不惜舍弃眼前的利益，绝不是一般人能做到的。罗斯柴尔德做到了，这就是他成功的秘诀。

就像打拳一样，要想用力地打出去，首先就必须收回来。以退为进是一种智慧，很多时候，退并不代表弱，退让一小步，是为了前进一大步。从表面上看，暂时的退可能会让你丧失一些利益，但实际上，与暂时的退相比，获得的进才重要。

⏩ 敢于付出，才会有所收获

（1）并不是为了退而退，而是为了进而退。

（2）你的退让，会让对方有所触动，同时你自己也不会有任何损失，于己于人都有利。

让确凿的事实成为你坚强的后盾

引言 最容易引人注意，加深对方的印象，并使人不会忘记的，莫过于将实物展现在人的面前。

中国人有一句古话，叫“百闻不如一见”，和事实胜于雄辩的意思有一些类似。人们在提出建议或劝告时，总是习惯性地想用自己的滔滔不绝去博得对方的信任，说服他人改变与自己相悖的想法，但事实上，最具说服力、最能打动人心的最简单的方法就是让事实说话。事实胜于雄辩，事实具有不容置疑、无可辩驳的说服力和感染力。

“用事实说话”成功的秘诀在于，不是通过说服者的直接表述，而是让经过说服者精心挑选的事实，发挥事实的逻辑说服力，充分而隐晦地表达自己的观点和想法，同时也更容易使被说服者在潜移默化中接受说服者的观点和想法。

米切尔最初只是一名周薪为10美元的普通办事员，后来却成了全国最大银行的董事长。

当他还是一家证券公司的主任时，常常有证券销售人员跑到他的办公室，抱怨没有人买证券。这种情况时有发生，每次遇到这种事，他从来不争辩，只是平静地说：“把你的帽子戴上，我们一起出去吃点东西。”

于是，他就借机领着抱怨者登上一座最高的建筑，站在窗口往下看。

米切尔说：“你看看下面，那里有600万居民，他们的总收入高达几十亿。事实上，他们每个人都在等着有人去告诉他们，如何才能最好地利用他们的积蓄。”

正是用这种方法，销售人员几乎无一例外地重新打起了精神。

米切尔的说服几乎每一次都能奏效，其成功的原因在于他不是简单地用空洞的语言来鼓励那些垂头丧气的销售人员，而是把客观事实摆在他们面前，让他们自己用耳朵去听，用眼睛去看，用心去感受。很多时候，再多冠冕堂皇的话也抵不过一个简单的事实。如果你面对的是一个固执的人，而且你想尽办法也无法说服他，那么你可以尝试这个方法，也许能让你有意外的收获。

在伽利略之前，古希腊的亚里士多德认为，物体下落的速度是不一样的。它的下落速度和它的重量成正比，物体越重，下落的速度越快。比如，10千克重的物体，下落的速度比1千克重的物体快10倍。

在漫长的一千多年里，人们一直把这个违背自然规律的学说当成不可怀疑的真理。年轻的伽利略根据自己的经验推理，大胆地对亚里士多德的学说提出了质疑。为了保险起见，他决定亲自动手做一次试验，他选择在比萨斜塔做实验。

一天，他带了两个大小一样但重量不等的铁球，一个是重100磅的实心铁球，另一个是重1磅的空心铁球。他站在比萨斜塔上往下看，下面站满了前来观看的人，大家议论纷纷。有人讽刺道：“这个小伙子准是个疯子！亚里士多德的理论绝不会是错的！”

试验开始了，伽利略两只手各拿一个铁球，大声喊道："下面的人们，你们睁大眼睛好好看着，铁球马上就要落下去了。"说完，他把两只手同时张开。出人意料的是，两个铁球平行下落，几乎同时落到了地面上。所有的人都目瞪口呆了。伽利略的实验揭开了落体运动的神秘面纱，推翻了亚里士多德的学说。这个实验在物理学的发展史上具有划时代的重要意义。

亚里士多德的学说已经存在了一千多年，已经深入人心，要推翻这个学说必定是一件十分不易的事。伽利略明白这个道理，在面对人们的质疑时没有试图凭借高谈阔论去说服他们，而是用铁一般的事实来证明自己的观点。用事实说话，其实是在说服的过程中征服其心最简单、最直接，也是最容易让人接受的办法。

"建筑之王"希尔也是用这一招成就自己非凡的事业的。

当年，希尔在承包已经破产的圣保罗城至太平洋沿岸的铁路公司时，迫切需要得到大银行家斯蒂芬的资金支持。

由于将要修筑的铁路将延伸到偏僻广袤的草原上，斯蒂芬觉得荒凉的地方根本没有办法运营铁路，所以他对这件事丝毫不感兴趣。无论希尔如何劝说，斯蒂芬仍然坚持自己的观点，始终不肯答应贷款给希尔。

直到有一天，希尔将斯蒂芬拉上了一辆通往西部的火车，到终点站后，斯蒂芬突然改变了想法。

原来，火车的终点站四周聚集了很多人。由于火车到这里就无路可走了，所以狭窄的路上停满了各种运输车辆。

看到这里的人这么多，斯蒂芬开始兴奋起来，他脑子里涌现了一幅到这里大移民的情景。于是，他的态度发生了三百六十度大转弯，变得非常友好，而且主动提出与希尔合作。

事情的结局令人难以置信，但它真真实实地发生了。无论是谁，一旦确信了一种观念，就会坚定不移地信任下去，任何人都很难用话语将其改变。善于说服的人不会白白地浪费唇舌，而是会利用一个与被说服者观念相悖的事实，鼓励对方主动去看见它，接受它，让它真正成为你的有力证据。

▸▸ 实事求是让你的说服变得更容易

（1）如果你发现说再多的话也说服不了别人，就赶紧闭嘴，什么都别说了，请记住，事实是最有力的说服工具。

（2）实事求是，会让你的人格因诚实而变得更高尚，只有这样才能让人心服口服。

（3）脱离现实的说服，就像没有根基的房屋，迟早会倒塌的。

要有不到最后绝不放弃的必胜信念

引言 柏拉图说："耐心是一切聪明才智的基础。"说服别人，你要具备三项基本素质，一是耐心，二也是耐心，三还是耐心。

爱默生说："伟大人物最明显的标志，就是坚定的意志。不管环境变化到何种地步，他的初衷与希望，仍然不会有丝毫的改变，而终至克服障碍，以达到所企望的目的。"爱迪生说："失败也是我需要的，它和成功一样对我有价值。"温特·菲力说："失败，是走上更高地位的开始。"

失败和痛苦，是上帝和每一种生物沟通，并指出错误时所使用的语言。开始迈向成功的转折点，通常是由失败所标明的。有了这种认知之后，你就不必再将挫折看成是失败，而应把它看成是一个暂时性的，而且可能会带给你祝福的事件。

任何人都不会心甘情愿接受他人的说服，因此说服最亲密的伙伴也会失败。但是，一次失败不代表几次失败，几次失败不代表永远失败，永远不要让失败熄灭了你对成功的渴望，不要让失败捆绑住了你前进的步伐。如果想说服一个人，如果你想成功，坚持下去，就一定能说服他。

1850年8月21日，在巴尔扎克的葬礼上，雨果所致的悼词中有这样一段话：

“在所有伟大的人物之中，巴尔扎克是最伟大的一个；在优秀的人物中间，巴尔扎克是最优秀的一个……可叹啊！这个坚强的、永远不停止奋斗的哲学家、思想家、诗人、天才作家。他一生风雨飘零，遭逢了任何时代的一切伟人遭逢过的所有恶斗和不幸。如今，他走了。他终于告别了纷扰和痛苦。”

巴尔扎克命运坎坷。他从小就缺乏家庭的关爱，仿佛是家里多余的人。后来，他回忆这段生活时曾愤愤地说：“我从来不知道什么叫母爱。”“我经历了人的命运中所遭受的最可怕的童年。”

长大后，巴尔扎克立志于从事清苦的文学创作，当一个“文坛国王”。他整天在一间简陋的小阁楼里伏案写作。无论是炎热的夏天还是寒冷的冬天，无论是白天还是黑夜，他一直不停地写，结果却在与书商打交道的过程中不断上当受骗，以致负债累累，债务高达10万法郎。为了躲债，他一共搬家六次。他对朋友说：“我经常为一点面包、蜡烛和纸张发愁。债主迫害我像迫害兔子一样。我常像兔子一样四处奔跑。”

他一生勤奋写作，常常不眠不休地连续工作18小时。不到20年，他共创作了91部小说。他曾用一句话概括自己：“一生的劳动都在痛苦和贫困中度过。经常不为人理解。”

面对无数次挫折后，巴尔扎克完全有理由把这归咎于命运的不公，从而意志消沉，不思进取，但是他没有。对他来说，失败只是他通往成功的垫脚石，激励他更勇敢地追求自己的梦想。

爱迪生没有受过正规教育，年幼时就开始自谋生计，当过小贩、报务员等。但他痴迷于电学实验研究，并为此付出了毕生的精力，最终成为白炽灯、留声机、碳粒电话筒、电影放映机等1093项发明专利权的拥有者。

20岁时，名不见经传的莫泊桑凭借对文学创造的满腔热情，在福楼拜的指导下开始写作，整整十年后才发表了短篇小说《羊脂球》，而那时他写作用的草稿已经在书房里堆积如山。这篇小说震动了整个法国和西欧文坛，也更加坚定了莫泊桑继续文学创作的信心。

安德鲁·加德说："一个人应当一次只想一件东西，并持之以恒，这样便有希望得到它。"约翰逊也说："伟大的作品不是靠力量，而是靠坚持来完成的。"爱迪生和莫泊桑的成功故事都说明了一个道理：想成功，就要持之以恒。同样，在说服对方的过程中，如果你能做到持之以恒，胜利就一定是属于你的。

著名的汽车大王亨利·福特自幼帮父亲在农场干活，他12岁时就在头脑中构想出了一种能够在路上行走的机器，这种机器可以代替牲口和人力，很无奈，当时他必须遵从父亲的安排在农场当助手。尽管如此，福特从未放弃对梦想的热忱，始终坚信自己可以成为一名出色的机械师。于是，他刻苦钻研，利用一切空闲时间学习，在短短一年内就完成了别人需要三年才能完成的机械训练，然后又用两年的时间研究蒸汽原理，却失败了。他没有气馁，转而研究汽油机，连做梦都想着制造一辆汽车。

福特的创意得到了爱迪生的赞赏，爱迪生邀请他到底特律担任工程师。经过十年潜心研究，29岁时福特终于成功地制造出第一部汽车引擎。如今，福特汽车已经成为世界上最大的汽车企业之一。

人类所具有的种种力量中，最神奇的莫过于有梦想的能力。事实证明，凡是成功者都做过梦想者。工业界的巨头、商业界的领袖，都是具有伟大的梦想，并持以坚定的信心、付出百分之百的努力奋斗的人。

几十年前，美国标准石油公司里有一位叫阿基勃特的小职员。他有一个习惯，无论在哪里住旅馆，他总是在自己签名的下方加上几个字：每桶4美元的标准石油。在书信和收据上也不例外。凡是有他名字的地方，必定有这几个字。就这样坚持了几年，他的名字逐渐被同事们淡忘了，同事们都叫他“每桶4美元”。公司董事长洛克菲勒知道这件事后说：“竟然有员工如此努力且关心公司的声誉，我要见一见他。”后来，洛克菲勒还邀请阿基勃特共进晚餐。洛克菲勒卸任后，阿基勃特继任董事长一职。

这本是一件简单得不能再简单的事，任何人都可以做到，但只有阿基勃特一个人去做了，并且乐此不疲。他不一定是能力最出众的，但却是最执着、最细心的人，所以他成了董事长。

每个人都具备成为成功者的潜质，每个人都可以创造奇迹，他们成功的最大秘诀其实只有两个字——坚持。事业取得成功的过程，其实就是不断战胜失败的过程。

著名科学家法拉第说：“世人何尝知道，在那些科学研究工作者头脑里的思想和理论当中，有多少被他自己严格地批判、非难地考察，而默默地隐蔽地扼杀了。就是最有成就的科学家，他们得以实现的建议、希望、愿望以及初步的结论，也达不到十分之一。”

当失败变成生活中的一种常态，而我们本身又无法改变这种现实的时候，最明智的做法应该是让自己变得更坚强、更笃定、更执着，从来没有人能随随便便就成功的，都要付出时间、精力乃至生命的巨大代价。

永远不要奢望你不费吹灰之力就能说服某个人，这只能算是一个美好的愿望，任何说服的过程都不可能是一帆风顺的。因此，在说服他人之前，你要做好长期斗争的思想准备。固执己见其实是人们潜意识里的一种自我保护意识，没有任何人愿意被人改变，说服这样的人就很难。但是，只要你抱着必胜的坚定信念，始终拥有饱满的热情，就没有攻克不了的山头，没有融化不了的坚冰。说到底，说服考验的正是你的耐心，“成大事不在于力量的大小，而在于能坚持多久”。

1928年，松下公司急需一笔项目的建设资金，大约是19500元。但当时的松下公司刚刚创立不久，资金不够雄厚，账面上只有区区5000元，还差15000元。无奈之下，松下公司只好向银行贷款。

松下和银行的负责人见面后，提出自己想贷15000元款的要求。银行经理详细询问了整个项目的细节，决定和总行协商后再做出答复。三天后，总部的答复来了：同意贷款，但必须以土地、建筑物甚至松下的信誉做担保。

贷款的问题解决了，但松下并没有觉得轻松。松下担心的是，万一投资真的出问题了，失去了信誉的他就会变得一无所有，公司就彻底完蛋了。他认为，最理想的结果是无担保贷款，因此他决定继续和银行协商。他是这样说的："对贵行的决定，我表示衷心的感谢。但如果以不动产作为担保，可能会影响我们公司的形象，将来恐怕会对贵行也有所影响。所以，贵行是否可以提供无担保贷款？"

银行方面拿不定主意。松下接着说："偿还贷款，我们只需要两年时间。我名下的土地权利书和建筑物权利书都可以交给贵行保管，希望贵行能给我们一次机会。"

经过松下的耐心说服，银行方面终于同意了松下的请求，答应再和总行商量。三天后，银行通知松下，同意对松下公司提供无担保贷款。

也许你的观点是正确的，但一时又说服不了对方，往往就会犯急躁的毛病。最理想的结果当然是，对方在你苦口婆心的劝说下认可了你的观点，称赞你"一语惊醒梦中人"，但这种情况并不多见。正如埃及平原上宏伟的金字塔和耶路撒冷壮观的庙宇不是一天建成的，新大陆的各种障碍不是一天夷平的，成见不是一天就能消除的，说服的过程注定会是一场持久战。

即使你只是单枪匹马，也完全能通过自己的努力不断扩大你的阵线。也许站在你面前的是一个执拗得令人无法忍受的人，你也必须强忍着拂袖而去的冲动，从他周围的人身上下手。人作为一个群体生物，身后往往会有庞大的人际关系网，被别人怂恿几句，想法就可能随之而改变。从表面上看，你说服的只是一个人，实际上却是一群人。如果“一对一”的方法行不通，曲线说服的方法或许会让你更快地得到意外的收获。

尼采是这样定义超人的：“必要的情况下，不仅要有忍受一切的能力，还要喜爱这一切。”越研究成功者，就越能发现这个事实：他们之所以取得了成功，是因为刚开始他们遇到了障碍，这成为他们加倍努力的动力，后来的成就也就越大。

历史的经验告诉我们，人的性格和幸福是各种环境作用的结果。事业取得成功的过程，实质上就是不断战胜失败的过程。任何一项事业要取得相当的成就，都会遇到困难，难免会犯错，遭受挫折和失败。因此，要想不被挫折和困难打败，只有一个办法：让自己变得坚强，才能战胜一切挫折和困难。

威廉·波里索说过：“人生中最重要的不是将收入当做资本，傻子都会这样做的。重要的是从损失中受益，这可是需要聪明的才智，也正是智者和傻瓜的区别。”

因此，如果你想说服别人，失败一次不可怕，失败两次也不可怕，真正可怕的是你在失败后不敢再去面对，不敢再去超越。你只要记住，任何人都不会轻易地被其他人说服，必然会想方设法坚持自己的观点，这不是为了让你因畏惧而退缩，而是为了让你从失败中找到前进的动力。

⏩ 成功只有一条捷径——坚持

（1）在说话的时候，告诉自己必定能成功。告诉自己：成功并不是那么困难。

（2）请记得那些谈话高手，他们一开始也并不出色，甚至比你还差劲。

(3) 永远不要抱怨你遭遇的困难，因为苦难之所以出现，就是为了让你从中获得征服的勇气和快感。有了第一次征服，就会有第二次征服，接着就会有无数次征服。而坚持，就是你无往不利的武器。

主动推开双赢之门

引言 当你把别人的观点和感觉看得与自己的观点和感觉同样重要，并表现出来时，你和别人的谈话气氛就会和谐起来。你了解和认同了别人的观点，对方才会理解和认同你的观点。

人类做任何事情都是基于一定的目的的，一个人想说服对方，其实就是想从说服的过程中得到某种精神或物质方面的利益。但无法否认的是，如果你在谈话的时候只为自己考虑，就无法得到对方的认可；如果你一味地去迁就对方，你同样无法获得利益。

拿破仑有一句名言："世界上有两根杠杆可以驱使人们去行动，那就是利益和恐惧。"说服的最佳结果应该是，而且必须是双赢，因为任何人都不会容许自己的利益遭到损害。以推销员为例，如果只是站在自己的立场自说自话，以牺牲顾客的利益而推销自己的商品，即使一时能奏效，但最终可能会留下不好的名声。而如果无条件、无原则地去迁就顾客，自然就无法推销出任何商品，也就是损害了自己的利益。

无论是损害对方的利益还是损害自己的利益，这种说服的方式都算不上高明。事实上，最具吸引力和说服力的说服方式应该是不损害任何一方的利益的前提下的说服，是让人心甘情愿被说服的方式。

一位销售专家曾说："推销是一种压抑自己的意愿去满足他人欲望的工作。因为推销员不是卖自己喜欢卖的产品，而是卖顾客喜欢买的产品，销售员是在为顾客服务，并从中得到利益。"因此，一段成功的销售经历，必须是建立在以"顾客至上"为前提的基础之上的，也是销售员应该遵循的根本原则。顾客真正想要的是自己需要的产品，但更需要销售员能站在他们的立场，真心地为他们着想，这是销售能否成功的决定因素。

丹尼斯·里根教授做过一个关于互惠原则的经典实验：实验人员乔装成彩卷销售员，在正式销售前先给每一位围观的顾客发送免费的可乐。结果显示，事先获赠免费可乐的顾客，是事先未获得免费可乐的人购买的彩卷的数量的两倍。

虽然赠送可乐和销售彩卷并不是同时进行的，而且实验人员在推销彩卷的时候对免费可乐的事只字未提，但顾客还是不约而同地记住了免费的可乐。由此可见，这个实验说明了这样一个事实：以平等为基础的互惠原则能帮助人们进一步提高说服力。牺牲他人或自己的利益，其实在一定程度上对说服力是一种削弱，让双方都有利可图才是最持久的交往或经营模式。

假设你是一名电脑公司的销售员，有一天，当你好不容易鼓足勇气去一家公司推销电脑时，对方却说："我们确实需要买电脑，但电脑的价格太高了。"

你可以这样回答："我十分理解您的想法，但是如果您购买了更高级的电脑，不仅处理速度快，还可以搭配更多应用软件，从而大幅降低人事费用和其他业务成本。与购买电脑的费用相比，您将节省更多的经费。"

如果对方最大的顾虑就是费用问题，听到这里，很可能就会立刻答应签约。实际上，人类之所以不愿意被说服，不愿意改变自己的想法和观点，就是因为他们不允许自己的利益遭到损害。如果能保证对方的利益，说服就会变得非常容易。

让顾客满意的根本，是让顾客感觉到销售员是在为自己服务，而不是为了获得他口袋里的钱，这样才能消除彼此之间的隔阂，使顾客欣然接受。真心地为顾客提供服务和帮助，为顾客解决问题和困难，这样才能真正赢得顾客的心。

事实上，无论是说服还是销售，都是一个相互满足的过程。一味地放大自己的利益而视对方的利益于不顾，或者一味地放大对方的利益而压缩自己的利益，牺牲任何一方都不可取。

人们一般有这样的习惯，即使是自己错了，也不见得会承认。这时候，指责起不到任何作用，反而有可能起到相反的作用。凡事把自己放在别人的位置上好好想一想，问问自己："如果我是他，我会怎么样？"只要你明白了原因，就不会再有什么抱怨了。

纽约州汉普斯特市的山姆·道格拉斯先生以前经常对自己的太太有怨言。他觉得，太太在修整草坪这件事上浪费了太多的时间，因为她总是以一周至少一两次的频率拔掉杂草、施肥和剪草，但自己总觉得这草坪并没有比四年前好到哪里去。更糟的是，每次道格拉斯先生对太太说这些的时候，两个人就会发生争吵，弄得家里不得安宁。

后来，道格拉斯先生终于明白了自己的错误，他意识到自己做了一件非常愚蠢的事。他从来不知道太太是多么喜欢修整草坪，不知道她做这件事时多么快乐，甚至不知道她希望得到别人的赞赏。

一天晚饭后，道格拉斯太太说要去修整草坪，还邀请丈夫和自己一起去。道格拉斯毫不犹豫地一口拒绝了，但很快又想到了什么，于是决定和她一起去除草。他们在干活的时候聊得很开心，尤其是道格拉斯太太，因为这样愉快的交谈已经消失了很长时间。

此后，道格拉斯先生经常帮太太修整草坪，还夸赞她干得好，说草坪在她的整理下确实好看了很多。此后，快乐与和谐又回到了他们的生活中。原因很简单，就是他学会了从她的角度思考问题，哪怕只是一个有关草坪的小事情。

任何人都渴望得到社会的认同，都注重自我，但是社会认同感越强烈，越注重自己，内心的渴望和需求就会随之增加。满足对方的渴望和需求，才是赢得信任和依赖的最佳时机。

成功的说服，并不需要你放弃或改变自己的主张来取悦对方，获得对方的认同，也不需要搜集大量的资料来取悦对方。当你把别人的观点和感觉看得与自己的观点和感觉同样重要，并表现出来时，你和别人的谈话气氛就会和谐起来。你了解和认同了别人的观点，对方才会理解和认同你的观点。

双赢是一切事物长久的基础

(1) 双赢强调的其实是平等，没有平等的交往，无异于没有平衡的船只，早晚会沉入大海。

(2) 真诚才能双赢。如果运用欺骗的手段获得了利益，但利益被损害的人迟早会发现，到那时你的损失远比你获得的多，正所谓得不偿失。

第四章
重视细节，让你的每句话都有力量

几乎每个人都会说话，准确地说，应该是具备说话的能力。说话的能力是与生俱来的，但要让自己的每句话都说得对、说得好，就不是那么容易了。用口说话的人，充其量只能说明他具备说话这种人类特有的功能，但还要用心说，让自己的每句话都有力量，这样才能说服别人之不能说服的人。

关键要说好第一句话

引言 要想说服一个人，就要尽可能地让对方说“是”，因为这时候他的心态是最放松的，也是最容易接受他人意见的时候。并且，一旦他作出了肯定的回答，就不会轻易再改口了。如果我们在谈话时得到的“是”越多，就越能更快地获得对方的赞同和认可，进而达到我们说服的目的。

卡耐基曾告诫人们：“与人交谈，要让对方接受自己的观点，不要先讨论双方不一致的问题，而要先强调，并且反复强调你们一致的事情。让对方一开始就说‘是’‘对的’，而不是要对方一开始就说‘不’。”

奥弗斯特里教授也说过：“‘不’这种答复是最大、最严重的障碍。如果一个人说出了‘不’字，他的自尊心就会迫使他一直坚持到底。即使他后来认识到这个‘不’字并不明智，他也会为了顾全自己的面子而不得已这样做。”

心理学研究结果表明，当人们说出“不”字的时候，他的整个肌体，包括肉体和精神，都处于一种明显的收缩状态，处于这种状态的人会拒绝任何人的意见。同时，当‘不’字说出来以后，人们就不愿意再悔改。哪怕他明显地意识到自己出现了错误，也会找各种理由为自己开脱，甚至会贬低对方的观点，这完全是由人的自尊心所决定的。

阿里森是美国一家电器公司的营销主管。有一次，他到一家不久前新发展的客户那里去，想向他推销一批新型电机。当他刚到这家公司，总工程师就劈头盖脸地说了他一顿：“阿里森，难道你还指望我们多买你几台电动机？”

阿里森不知道是怎么回事。经过一番了解，原来这家公司使用后发现从阿里森那里购买的电动机发热超过正常标准。阿里森心里明白，如果与总工程师争辩到底，对自己没有任何好处，所以，他决定改变策略：先取得对方做出一系列“是”的反应和具有较高认同的姿态，再顺理成章地推销。

阿里森把情况彻底了解一遍后，先故意询问总工程师：“好吧，尊敬的先生，您的意见我也认同。假如那些电动机发热过高，别说再买，即使是买了的也要退货，对吗？”

“是的！”总工程师的反应和阿里森料想的一模一样。

“我们都知道，电动机一定会发热，但你就是不希望它的热度超过规定的标准，是不是？”

“是的。”总工程师再次给了肯定的回答。

然后，阿里森认为时机已经成熟，于是决定开始进入正题。他接着问：“按标准，电动机的温度可以比室温高72华氏度，是吗？”

“是的，”总工程师答道，“但是，你们的产品比这高得多，那温度高得人都不敢伸手去摸。你承认我说的是事实吗？”

由于他掌握了足够的事实，阿里森并不打算与他争辩，反问道：“你们车间的温度是多少？”

总工程师稍微考虑了一下，说：“大约是75华氏度。”

听完总工程师的话，阿里森非常兴奋，拍着对方的肩膀说：“太好了！加上电动机的温度，车间里的温度应该是147华氏度。如果把手放进147华氏度的热水里，手会不会被烫伤呢？”

虽然不情愿，总工程师还是不得不答道：“是。”

“那么，请您以后不要直接触摸电动机了。请您放心，这种情况完全是正常的。”

就这样，阿里森顺着对方的思路，一步步引导对方说“是”，不仅消除了对方对产品的偏见，还促成了一笔新的生意。

因此，要想说服一个人，就要尽可能地让对方说“是”，因为这时候他的心态是最放松的，也是最容易接受他人意见的时候。并且，一旦他作出了肯定的回答，就不会轻易再改口了。如果我们在谈话时得到的“是”越多，就越能更快地获得对方的赞同和认可，进而达到我们说服的目的。

史密斯·爱波森先生是格林尼治储蓄银行的一名出纳，他曾讲过这样一个故事：

有个年轻人走进来要开个户头，我递给他几份表格让他填写，但他拒绝填写其中的几项资料。如果我没有学习人际关系课程，我一定会毫不犹豫地告诉这个客户，假如他拒绝向银行提供一份完整的个人资料，我们就无法给他开户。但是今天早上我突然想到，最好不要谈及银行需要什么，而要多提客户需要什么，所以我决定一开始就先诱导他回答“是”。

于是，我告诉他，他拒绝回答的那些资料其实并不是非写不可的。但是，万一他有什么意外，是否愿意银行把钱转给他所指定的亲人呢？他答道：“是的，当然愿意。”我又问他：“那么，你是不是认为应该把这位亲人的名字告诉我们，以便我们以后可以按照你的意思处理，而不会弄错或拖延？”客户说：“是的。”

此时，客户的态度已经缓和下来了。他也知道这些资料并不是只为银行而留，而是为了保障他自己的利益。出人意料的是，最后他不仅按照银行的要求填写了所有的资料，还在我的建议下开了一个信托账户，指定他母亲为法定受益人。我一开始就让他回答“是”，所以他在我引导下忘记了原来的问题，高高兴兴地接受了我的建议。

苏格拉底早年穷得连鞋都没有，却获得了令人瞩目的成功。他创造的“苏格拉底方法”告诉我们，只说自己是对的，绝不能说别人是错的。事实上，他也是这样做。他从来不说任何人是不对的，不批评任何人。因此，即使他提出一些令对方难以接受的问题，对方也会给出肯定的回答，这样的谈话多半会成功。

好的开始是成功的一半。人的思想存在惯性，如果一开始就强调你与对方的分歧，最终必然会得到对方否定的回答；相反，如果你始终将注意力放在你们的共同之处时，一开始就让对方说“是”，那么最终就会成功地说服他。

▶▶ 一开始就不要让对方说“不”

（1）如果一开始的时候就使一位学生、顾客或你的孩子、妻子说“不”，那么，即使你有神仙般的智慧和耐心，也无法使那种否定的态度变为肯定。

（2）谈话开始时得到的“是”越多，就能越快地获得对方对我们意见的赞同，进而达到我们预期的说服目的。

（3）“不”是一个简单却难以说出口的字，一旦说出口，就会像离弦的箭一样无法回头，对你的说服毫无好处。

务必管好你的嘴

引言 永远不要以为说服人靠的是你滔滔不绝的口才，说得多不代表你说得好，真正有头脑的说服者，应该是那些用最少、最恰当的话达到自己说服目的的人。

一位著名学者说过："说话是最容易的事，也是最难的事。说它最容易，因为三岁的孩子也会说话；说它最难，因为最擅长辞令的外交家也有说错话的时候。"说话是人类的特征，似乎是与生俱来的功能，虽然几乎每个人都会开口说话，但实际上，只有说话时充满智慧、讲究艺术的人才算得上是真正会说话的人；而那些不经大脑、口无遮拦的人，即使说得再多，说的也大多是废话。

说话是一门艺术，说服更是如此。人类行为科学研究学者汤姆森曾断言："发生在成功人物身上的奇迹，至少有一半是由口才创造的。"同样的一件事，同样的一句话，为什么有的人能让他人听得顺耳，接受得甘愿，有的人却总是四处碰壁呢？同样的一件商品，同样的一种服务，为什么有的人推销成绩优异，有的人却只能品尝失败的苦果呢？不可否认的是，一个人的成功与失败，与他的资质、能力等存在必然的联系，但从根本上来说，取决于他们的智慧和口才，应该是有智慧的口才。

仅有口才而没有智慧的人，即使在公共场合总是口若悬河，也不见得能真正地说服谁；而仅有智慧而没有口才的人，即使博学多识，也无法用自己诚挚的语言去打动谁，说服谁；只有智慧和口才都具备的人，才能不断地在说服的道路上收获成功。

有一天，菲德尔费电气公司的约瑟夫·韦普先生去宾夕法尼亚州，他要与那里的一位非常有钱的农场主洽谈用电业务。

当他来到这位农场主的别墅前叫门时，门打开了一条缝，户主布朗肯·布拉德太太把头探出门外，问清楚来人是电气公司的业务洽谈人员后，就立刻把门关上了。他没有灰心，鼓起勇气再次敲门，敲了很久，布拉德太太才勉强又将门打开了一条缝，并且，还没等他说话，就大声地骂起来了。

很显然，一开始就出师不利。

不过，韦普先生并没有由此而退缩，他微笑着说："布拉德太太，非常抱歉，我打扰您了。这次我到你这儿，并不是为了电气公司的事，只是想买一儿鸡蛋。"

听韦普先生这么说，布拉德太太的态度有所改变，把门开得大一些了。

韦普先生顿时觉得这笔生意有希望了。于是，他接着说："您家的鸡长得真好，它们的羽毛多漂亮啊！这些鸡大概是多明屋种吧？您能卖给我一些鸡蛋吗？"

此刻，门缝又开大了些。

布拉德太太问道："你怎么知道是多明屋种的鸡呢？"

韦普先生便趁热打铁地说："不瞒您说，我也养了一些鸡。但是像您养得这么好的鸡，我长这么大还是头一次见到呢！再说，我养的是来亨鸡，只会下白蛋。夫人，您知道吧，做蛋糕时，最好是用黄褐色的蛋，而不是白色的蛋。我太太今天要做蛋糕，所以我就只好来请您帮忙了……”

听到韦普先生的夸赞，布拉德太太乐开了花，她情不自禁地从屋里跑了出来。

就在那一瞬间，韦普先生仔细了看看了屋内的环境，发现他们家有一套完整的奶酪设备。

于是，韦普先生不慌不忙地说：“夫人，我敢打赌，您养鸡赚的钱肯定比您丈夫养乳牛赚的钱还要多。”

布拉德太太更开心了，她热情地请韦普先生进屋，并主动提出带他参观鸡舍。

在参观的时候，韦普先生一边耐心地倾听布拉德太太的介绍，一边不停地发出赞叹声。很快，他们变得无话不谈，仿佛认识了很多年。

后来，布拉德太太向韦普先生请教用电的好处，韦普先生便如实以告。

不到半个月，韦普先生就收到了布拉德太太的用电申请书。

在布拉德太太的大力宣传下，这个村子的用电订单像流水一样源源不断地涌向韦普先生。

韦普先生之所以成功，主要是因为他抓住了布拉德太太的心理，在说服遭到拒绝的时候，他没有继续做无用功，而是变换了一种思路，用赞美的迂回语言敲开了布拉德太太的心门。曾有一位著名的演说家说过：“演说家成功的两个必备条件，一个是出众的口才，另一个就是让出众的口才变得更能打动人、说服人的智慧。”成功者大抵如此。

苏格拉底曾经说：“世间有一种能力可以使人很快完成伟业，并获得世人的认识，那就是令人喜悦的讲话能力。”强有力的说服力，不仅使一个人在人生的旅途中获得更多机遇的资本，还能使人产生无穷的信心和勇气，而这些正是获得成功最重要的条件。

▶▶ 说服是两个人关于智慧的一种博弈

(1) 作为说服者，如果你够聪明，才不至于成为被说服的对象。

(2) 作为被说服者，如果你够聪明，就可能将试图说服你的人变成被你说服的人。

(3) 说服是一门关于智慧和技巧的博弈，不是光说就行的，还要充分开动你的脑筋，运用你的技巧。

有效地控制话题

引言 卡耐基说：“一个人的成功，约有15%取决于知识和技术，85%取决于人际沟通和口才等综合素质。”这个成功学的公式已经为大多数人所认可，而这举足轻重的85%，恰恰是很多人成功的绊脚石。有效地控制话题，对说服一个人来说非常重要。

无论对谁而言，沟通都是人际交往过程中非常重要的技能之一，它在一定程度上成了展现一个人的能力和提升其社会地位的很好途径。善于沟通是一个人立足社会的一项重要资本。

能够与周围人进行充分的交流并明确表达自己的思想和观点，这就是具有沟通能力的表现。沟通能力是进行人际交往活动和行为的前提，否则就容易产生误会，从而使得交际活动无法进行下去。因此，一个人的说话能力可以显示他的力量，一个口才好的人更容易使人信服，并在无形中提高他的形象和地位。

掌握沟通的主动权才能最终达到说服对方的目的。如果想让每一次交谈都变成卓有成效的谈话，就要想尽办法引导对方，并暗中将谈话引向我们期望的方向，这样才能说服对方。

胡佛总统的沉默寡言让许多记者望而却步，想让话从他的嘴巴说出来，简直比登天还要难。但是，一个芝加哥记者却轻易地做到了这一点，而且使胡佛总统谈了两个多小时。

那时候，胡佛是共和党的总统候选人。年轻的记者里尼提偶然地跟他坐同一辆列车，并得到了采访他的机会。一开始，当里尼提询问一些问题的时候，胡佛总是简单地回答“是”或“不是”，然后就长久地陷入沉思。里尼提觉得很尴尬，虽然他早就知道胡佛的习惯了。他不得不一边问问题，一边想办法改变这种状况。

当火车经过贫穷而荒凉的内华达州时，里尼提突然想到了一个很好的话题。他望着窗外，好像是自言自语地说：“在这个地方，人们应该还在用那种古老的方法采矿吧？”这时候，胡佛马上搭腔说道：“早就不用那种方法了，现在全国都在采用最新的采矿方法。”接着，胡佛的话匣子好像被打开一样，他滔滔不绝地谈了起来，从采矿到石油，从航空到邮政……

当时，那些跟胡佛同坐一列火车的人都是些有头有脸的人，但是胡佛对他们不理不睬，偏偏和里尼提聊了两个多小时。

里尼提本来是一个默默无闻的记者，却因为和胡佛总统聊了一个合适的话题，从而变成了和胡佛总统谈话时间最长的记者。看来，话题对谈话确实起着至关重要的作用；如果没有找到合适的话题，不难想象，谈话的结果一定不会很理想。

有效地控制话题，对说服一个人来说的确十分重要。苏格拉底以擅长言辞而著称于世，他创立的问答法至今有着经久不衰的魅力，成为谈话的一种经典方式。问答法的核心内容是，我们在与人谈话的时候，如果想要说服对方，当不可避免地要面临一些有分歧的话题的时候，我们需要就这个话题的共同点对话题进行控制，一步步地诱使对方做出肯定的回答。这样，就能使谈话朝着对我们有利的方向发展。

但事实上，真正懂得沟通技巧的人并不多，比如，很多推销员在向客户推销自己的商品时，往往会陷入一个误区，认为话说得越多越能说服客户，最终却以失败而告终。他们之所以失败，原因就在于他们没有掌握说话的主动权。世界上最伟大的推销员乔·吉拉德在谈到自己成功的秘诀时曾说道："从一开始，我就知道自己的目的，所以我知道如何牵着顾客的鼻子走，而不是被顾客牵着鼻子走，知道如何说服人，而不是如何被人说服。"

作为销售员，就要学会引着客户的思路走，这样才能将客户顺利地签单。因为人类有一种特性，很容易受到周遭的环境和身边的人的影响，而这种影响就会导致你不知不觉地接受别人的意见，从而做出相应的决定。

一位图书销售员敲开了一户人家的门，对一位太太说："太太，我们的图书质量非常好，装帧也很精美，您想要来一套吗？"对于这位推销员的回答，我们会做出什么样的反应呢？大多数情况下，这位销售员会得到这样的回答："不需要！"然后门会被关上。很显然，这样的推销员并不是出色的推销员。

那么，出色的推销员会作何表现呢？

无独有偶，另一位图书推销员也去了这户人家，敲开门后对这位太太说："亲爱的女士，早上好！您的孩子都去上学了吗？"

"是的。"

"那您的孩子上几年级了？"

"大的上五年级，小的上二年级。"

"是吗？您看起来真年轻啊！他们一定都非常聪明吧？"

"是的，当然了。"

"他们平时有什么爱好？他们喜欢看书吗？"

“是的，有时候他们会看。”

“我想，我这里有一些书他们可能会喜欢……”

“好的，让我看看……”

成功的推销员大抵是这样说，也是这样做的。成功的推销员与失败的推销员最大的区别，不在于他们的专业知识，而在于他们的说话能力不同。成功的推销员总是善于和顾客建立良好的沟通，失败的推销员必定都是糟糕的沟通者。

请记住一句智慧之言：你的目的是说服他人，而不是被他人说服，因此，最重要的就是掌握谈话的主动权。只有控制说话的主动权，始终坚持让谈话朝着对自己有利的方向发展，才能达到自己想要的结果。一旦在谈话中失去了主动权，迷失了方向，想说服他人的人就会陷入被人说服的境地。

要明确目的，而不是被别人牵着鼻子

（1）通过曲折迂回的方式，使对方顺着你的思路进行思考，往往会收到事半功倍的效果。

（2）时刻在心里问自己，你是要说服别人，还是要被人说服，这将直接决定你的说服成败。

（3）在明确的目标的指引下，比像无头苍蝇一样乱说，更能让你达到自己的目的。

“怎样说”比“说什么”更重要

引言 相同的话，用不同的方式说出来，效果就不一样。真正的说服高手，不仅知道“说什么”，还知道“何时说”“对何人说”，更知道“怎样说”，这才是他们成功的真正秘诀。

说服力是由“什么人”、“说什么”、“怎么说”，三部分构成的，是对“说服者的人品”、“说服内容的分量”、“说服者的应变能力”三种能力的综合考验，不会被某种单一的技巧所替代。想说服别人，“怎么说”比“说什么”更重要，相同的话，用不同的方式说出来，就能产生不一样的效果。

一个雨天，一位教授去教堂里做祷告，他的伞被人拿走了。伞是朋友送给他的，他十分珍惜，于是在报纸上刊登了寻物启事，但是一无所获。

有一天，这位教授和一个商人说起了这件事。

“您的广告是怎么写的？”商人问道。

“广告在这里。”教授一边说，一边从包里掏出了一张从报上剪下来的纸片。

商人接过来念道："本人于上星期日傍晚在教堂丢失了一把黑色绸伞，若是哪位好心人捡到了，烦请送到布罗德街10号，本人会以5英镑作为酬谢。"

商人说："登广告是有学问的，您这样肯定找不回伞。我帮您写一则广告，如果还是找不回伞，我就赔您一把。"

商人写的广告很快见报了。第二天一早，教授打开屋门后大吃一惊，他的院子里横七竖八地躺着好几把雨伞。这些伞颜色各异，布的、绸的，新的、旧的，大的、小的，全都有，全都是从院外扔进来的。

教授的那把黑色绸伞也在其中。有好几把伞上还拴着纸条，说自己是不小心拿错了，恳请失主不要声张。教授立刻将这个情况告诉了商人，商人说："这些人还算诚实。"

教授觉得很奇怪，就问商人："您的广告是怎么写的？"

"上星期日傍晚，有人曾经看到有个人从教堂取走雨伞一把，取伞者如果不想自找麻烦，就速速把伞送回布罗德街10号。此人是谁，人尽皆知。"

商人的广告之所以奏效，是因为他抓住了偷伞人怕被人当场抓住的心理弱点。这个故事告诉我们，要想说服他人，就必须找到说服者的心理弱点。之后，即使是一句轻描淡写的话，也往往能比千言万语更能得人心，更能说服人。因此，话不在多而贵在精，除非你敢保证自己的每句话、每个字眼儿都是金玉良言，否则还是在你的嘴上安一把"锁"，说话之前先想好怎么说，绝不要做一个脱口而出的愚蠢的说话者。

沃尔顿在新泽西州靠近大海的纽瓦克市一家百货商场买了一套西服，可是他穿上这套西服后非常失望，因为上衣褪色，把他的衬衫领子都弄黑了。

于是，沃尔顿先生将这套衣服带回商场，找到售货员，告诉他有关的情况。可是他还没有说完，就被对方打断了。

"这种衣服我们已经卖了好几千套。"这位售货员反驳道，"你是第一个来挑毛病的。"

这是售货员说的话，而他说话的声调听起来比这更令人无法接受。他那满是火药味的声音好像在说："你是个骗子，想欺负我们，别妄想了，我要给你点颜色看看。"

正在两个人吵得不可开交的时候，另一个售货员加入进来了。他说："所有的黑色衣服刚开始穿时都会褪色，再说凭这件衣服这种价格，当然会那样了。"

"听到这，我再也忍不住了，顿时火冒三丈。"沃尔顿先生说，"第一个售货员怀疑我的诚实，第二个却暗示我买了一件低档货。我当时就恼火了。我正想骂他们，售货部经理过来了。显然，他很懂得自己职务的重要性，也正是他改变了我的态度，使我从一个恼怒的顾客变成了一位满意的顾客。"

他又是怎么做的呢？"他首先是静静地听我讲了一遍事情的经过，没有插一句话。我说完后，那两个售货员又想说他们的意见，但是这位经理站在我的立场反驳了他们。他不仅指出我的领子是被西服弄脏的，并且坚持说如果商品不能让顾客满意，他们商店就不应该出售。最后，他承认他不知道这套西服为什么会这样，并坦率地对我说：'你希望我如何处理这套衣服？你说什么我们都可以努力做到。'"

"几分钟前，我还想让他们将那套衣服给我退掉，但现在我却说：'我只想听听你的意见。我想知道这种情况是暂时的，还是无法解决。'于是，他建议我再穿一个星期，'如果到时候你仍不满意，我们一定换你一套满意的。对此，我们非常抱歉。'"

"我满意地走出了这家商店。一星期后，这套衣服再也没有什么毛病，我对那家商店的怒火也完全平息了。"

"你看，那位管理员之所以当上售货部经理，正是因为他懂得说话的艺术。至于他的两位下属，我认为他们只能当店员。或许他们应该被降到包装部去，永远不要和顾客打交道。"

如果沃尔顿先生继续和那两个店员周旋，即使他们最终答应帮沃尔顿先生退换，也无法消除他被误解的怨气。同样一件事，不同的人用不同的方式处理，就会收到不一样的效果。如果你在说服的过程中，无意中使用了一些不太恰当的言词，最好的弥补办法就是“如果我是你”，不仅能弥补你的过失，还能促使对方进行反省，于人于己都是十分有利的。

球王贝利从小就显示出了踢足球的天赋，并且取得了不俗的成绩。比赛结束后，筋疲力尽的球员会抽一支烟解乏，小贝利也学会了抽烟，不巧却被他的父亲看见了。小贝利忐忑不安，没想到父亲并没有严厉地批评他，而是语重心长地陈述了抽烟的害处，然后表示尊重他的选择。羞愧难当的小贝利明白了父亲的苦心，决心不再抽烟。从那以后，贝利更加刻苦地训练，最终成为世界著名的球王。他后来在回忆的成长经历时感慨地说道：“父亲是我人生中最重要的引路人，是教练让我学会了踢球的技巧，却是父亲让我学会了怎样做一个受人尊敬的人。”

在说服他人时，知道“说什么”的人无疑是聪明人，而更聪明的人是那些知道该“怎样说”的人。“怎样说”是对一个人综合能力的考量，要求说服者知道“何时说”、“对何人说”、“说什么”，这其实就是审时度势的才能，这一点在与人交往时尤为重要。

➤ 请注意你的说话方式

（1）同样的一句话，不同的人说，或用不同的方式说，或在不同的场合、时间说，都比说话本身的内容更重要。

（2）要想说服他人，就必须找到说服者的心理弱点。之后，即使是一句轻描淡写的话，也往往能比千言万语更能得人心，更能说服人。

（3）聪明的人知道“说什么”，更聪明的人才知道“怎么说”。

在合适的场合说正确的话

引言 同样的一句话，同样的人在不同的场合说出来，往往能产生不一样的效果。如果你想说服一个人，就一定要懂得在合适的时间、合适的场合说正确的话，这正是说服高手最基本的能力之一。

在什么场合说什么话，这是人们在长期的交往实践中总结出来的经验。说话要分场合，否则，再好的话题、再良苦的用心、再优美的话语，也不会产生好效果，有时甚至会适得其反。说话的方式不是千篇一律的，不同的场合需要不同的说话方式，善于说话的人一定是深谙“话随境迁”艺术的人。在不合适的场合说不得体的话，不仅会让你的说服效果大打折扣，甚至会可能引起对方对你的反感。

英国女王维多利亚与其丈夫阿尔伯特相亲相爱，感情和睦。妻子是一国之君，丈夫却对政事毫不关心，对社交活动缺乏兴趣。

有一天，女王忙完公事后已经是深夜了。她回到卧室，见房门紧闭，就大声敲起门来。

“谁？”

“我是女王。”没人开门，于是再敲。

“谁？”

“维多利亚。”还是没人开门，接着再敲。

“谁？”

“你的妻子维多利亚。”

门开了，维多利亚才走进了卧室。

随着场合的改变，维多利亚的角色也发生了改变，从公众面前的女王变成了丈夫的妻子和孩子的母亲，如果不随之改变说话方式，就会犯以上错误。人总是在一定时间、一定地点、一定条件下生活、讲话，在不同的场合，面对不同的人、不同的事，怀着不同的目的，就应该说不同的话，用不同的方式说话，这样才能收到理想的说话效果。

我有个朋友，她丈夫是医生，她几乎每隔一段时间都会向我吐苦水，因为她丈夫总是在吃饭的时候提到手术的事，血淋淋的场面让她觉得非常恶心，甚至为此患上了“丈夫恐惧症”。如果是医生之间在探讨医学方面的事，这当然没什么不妥，但如果是普通人，无论是谁，恐怕都无法做到镇定自若。由此可见，同样的内容在不同的场合说，可能会产生完全不同的效果。

一个人请客办事，眼看约定的时间已经过了，还有一大半的客人没来，很着急，便说：“怎么搞的，该来的人还没来？”一些敏感的客人听到了，心想：“该来的没来，那我们是不是不该来的？”于是悄悄地离开了。

主人一看好几位客人走了，心里更着急了，便说：“怎么不该走的人，反倒走了呢？”剩下的客人一听，又想：“走了的是不该走的，那我们这些没走的肯定是该走的了。”于是也都走了。

最后只剩下一位客人了，为了缓解这种尴尬的局面，他劝告主人说：

“你说话前应该先考虑一下，说错了就收不回来了。”主人大叫着冤枉，赶紧解释道：“我说的不是他们。”这个朋友听了非常生气地说：“不是叫他们走，那就是叫我走！”说完，最后一位客人头也不回地走了。

有一个年轻人长得英俊潇洒，可就是不善言辞。朋友结婚，他前去祝贺，在宴席上慷慨陈词：“我们相识多年了，一直相处得很好，祝你新婚快乐，下次如果你再办婚宴我还来。”满座的人惊讶得合不拢嘴，朋友也非常尴尬，他自己却丝毫没有察觉。

还有一次，另一个朋友的父亲去世了，他去奔丧，看见朋友很伤心，于是好心地去安慰：“这没什么大不了的，反正你父亲也生病多年了，早晚得死，现在可好了，你轻松了。”话音刚落，朋友和家人毫不留情面地把他赶出去了。逐渐地，他说话不分场合的事被传得人尽皆知，从此再也没有人邀请他参加婚丧嫁娶的仪式了，生怕他又说出什么令人不悦的话来。有好心人背后开导他，让他说话时注意场合，多说主人爱听的吉利话，不说别人忌讳或不爱听的话，他才醒悟了。

高兴时一句祝贺的话，悲伤时一句安慰的话，沮丧时一句鼓励的话，即使只是简单的一句话，也会像春天和暖的风一样温暖我们的心田，像山涧清凉的溪水一样滋润我们的灵魂。别人爱听的、想听的话，往往并不是什么大道理，而是在合适的场合的一句符合心境的话。

我们比较常见的场合主要有以下几种：

1. 自己人场合和外人场合

和自己人说话时氛围显得更为轻松、和谐，可以无话不谈。而有外人在场时，说任何话都要经过认真的考虑，否则一不小心就会因为不得体的话语而得罪人。

2. 正式场合与非正式场合

正式场合说话时应遵循严肃认真的规则，最好每说一句话、一个字事先都有所准备，语言应尽量简洁明了。非正式场合则可以随意一些，可以像平常聊天一样，更有利于情感的交流和密切关系的建立。

3. 喜庆场合与悲痛场合

在喜庆场合，千万不要谈令人丧气的话题；在别人悲痛时，切忌谈逗乐的话。即使你的特长就是爱开玩笑，也请不要在这样的场合调动你的幽默细胞，这样只会增加你的“不受欢迎指数”。

如果你的梦想是成为一个真正的说服高手，诚实、正直的人品还远远不够，你还要在语言上下一番工夫，想别人之所想，说别人之想说，这样才能在说服的道路上取得胜利。

▶▶▶ 如何才能让自己更受欢迎

（1）说别人爱听的话。一般人往往只会对自己爱听的话感兴趣，其他的事情都与自己无关，而与自己无关的话，对他们来说就是废话，毫无用处。

（2）如果我们不能对人说有益的好话，那我们最好还是什么也别说。与其说出来增加不必要的麻烦，不如保持沉默，“沉默是金”。

（3）不会说话的人，好话也会变成坏话。

对不同的人说不同的话

引言 莱布尼兹有一句名言：“世界上没有两片完全一样的‘叶子’。”要说服不同的人，就必须用不同的“叶子”，这样才能达到说服对方的目的。

富兰克林说：“如果你不能说服别人，并不是因为你的观点不好，而是因为你不太善于运用说服的艺术。”这句话，我们或许可以从另一个角度来说：“如果你不能说服别人，并不是因为你的观点不好，而是因为你没有真正懂得别人的心思。”说对方爱听、想听的话，才能俘获其心，说服其人。

人类是一个复杂的群体。每个人都有着与众不同的性格，即使是相同年龄、相同背景、相同身份，甚至是相同样貌的人，也拥有不同的性格，因此，他们需要的东西都各不相同。要说服不同性格的人，就要恰到好处地用不同的“叶子”，才能达到说服对方的目的。

从前有三个人，一个人勇敢，一个人胆量中等，一个人胆小。

一天，有一个人将这三个人带到深沟边，对他们说：“如果你们敢跳过去，那就证明你们很勇敢，不敢跳的人就是懦夫。”

那个勇敢的人毫不犹豫地跳了过去，另外两个人却站在沟边犹豫不决。

那人告诉他们，谁跳过去的话就可以得到一千两黄金，那个胆量中等的人为了这笔巨款而铤而走险，但是，那个胆小的人还是不敢跳。

这时，一只猛虎咆哮着扑了过来，那个胆小的人惊慌失措，竟然毫不费力地跳了过去。

从这个故事中我们可以看出，如果要求不同的人做同一件事，就必须用不同的方法激励他们，这样才能成功。如果统一“标准”，收到的效果未必能尽如人意。

事实上，这种因人而异的说话方式，同样可以运用到说服中。对不同的人要说不同的话，以迎合对方的心理，从而博得对方的好感。只有这样，才能达到自己的目的。

比如，如果对方喜欢委婉的交谈，你就应该说得含蓄些；如果对方喜欢率直的交谈，你就应该说得爽快些；如果对方崇尚学问，你就应该说得富有哲理些；如果对方喜欢谈论一些生活琐事，你就应该说得通俗些。

英国伦敦有一家餐厅，为了招揽顾客，每当客人用餐完毕后，老板娘都会奉送一盒礼品，内附一张印有“吉祥如意”“祝你好运”之类的祝福语的精致卡片。

有一对恋人是这家餐厅的老顾客，他们在结婚的当天，兴致勃勃地来到这家餐厅，当他们满怀期待地打开礼品盒时，却没有看到熟悉的彩卡，顿时觉得非常失望，于是找老板娘“兴师问罪”。无论老板娘怎么解释，他们都不满意。

这时，老板娘的妹妹来了，说了一句英国常用的谚语：“没有吉言就是最好的吉言。”听到这句话，新娘顿时喜笑颜开，新郎也转怒为喜，高兴地和老板娘的妹妹握手道谢。

这对新婚夫妻希望得到别人的祝福，而老板娘的妹妹的话正好满足了他们的这个心理。听到自己爱听、想听的话，再恼怒的人也会立刻怒气全消。

曾经有一位传教士想要把《圣经》翻译成他传教的地方的语言。其中有这么一句："虽然你的罪恶一片鲜红，但是它终将白如雪花。"

一般情况下是逐字翻译这句话，但是现在他却遇到了问题。这些土著人根本没有扫除积雪的经验，甚至连"雪"这个字都不认识，他们根本不知道雪和煤炭有什么差别。但是当地有椰子树，每个人都很熟悉。于是，传教士就把"雪花"和"椰子肉"联系了起来。

最后，这句话被翻译成："虽然你的罪恶一片鲜红，但是它终将白如椰肉。"就这么巧妙的一句改动，就让对方很容易理解你的话了。

每个人都应该掌握与不同的人说话的技巧，可以从以下几点着手。

1．与地位高于自己的人谈话，应该保持自己的个性

他们需要的是具有独立思考精神的人，而不是唯唯诺诺的人。因为事实证明，没有个性的人很难给他人留下深刻的印象。

2．与长辈谈话时，应该保持谦虚和尊敬的态度

尊敬长辈是一种美德，他们的生活经历和知识都比你丰富，因此你一定要谦虚。在人际交往中，谦虚谨慎的人更容易获得他人的好评。

3．与后辈谈话时，要沉着、稳重

最好是建立在平等的基础之上，因为几乎没有人会喜欢来自居高临下的说教。从他们感兴趣的事开始，与他们站在同一立场上，这样谈话就能顺利地进行下去了。

4．与地位不及自己的人谈话时，要庄重

既要维护你的地位，又要努力表现出和善的样子，让他们觉得你对他们谈论的话题感兴趣，但是不要与下属过于亲密，要保持一定的距离。

有些人说话不分对象，往往是想到什么说什么，说话不经过大脑，即使只是一句无心的话也可能给自己制造很多不必要的麻烦。也就是说，见什么人就要说什么话，而且要说他们爱听的话，这才是说服的关键所在。

▶▶ 没有最对的、最好听的，只有最适合的

(1) 如果你想说服一个人，那么就要知道他在想什么，他想听什么，而不是你在想什么，你想说什么。

(2) 关于最好的说话方式，至今仍没有一个统一的标准，那是因为你和我，我和他，我们每个人的喜好都不尽相同。

(3) 有时候，朴实的语言比华丽的辞藻更能打动人心，正是因为这些话说到了别人的心坎里，这是最根本的原因。

拥有独一无二的语言风格

引言 时刻记住，你就是你，你本身是什么样就是什么样。想要说服他人，你本来的样子是否令他喜欢并不十分重要，真正重要的是你要让他看到你的真诚，而这一切，需要你具备独特的语言风格。

你的每一个动作、神情，甚至每一个词句都展现了你之所以是你的那些东西——那些只属于你自己的个性的东西，这时候的你是独一无二的。当你在演讲台上、宴会上、面试中、谈判桌上开始说话的时候，你会因为掌握了高超的说话而感到前所未有的放松、自信和满足。

这样的人正是我们常说的说话高手。他们的每个词、每句话都被烙上了鲜明的印记，带着他们独特的风格，形象鲜明地传递给对方，对方因此被深深地吸引。

在这个崇尚个性的年代，每个人都应该有自己的个性，每个人说话都应该有自己的风格。如果每个人说话都是一样的，生活就会变得很无趣。我们经常能看到这样的人：别人怎样说他就怎样说，别人说什么他就说什么，不仅失去了自己的个性，还会招致别人的厌恶。没有个性的人，丢到茫茫人海中立刻会被淹没；而一个没有语言风格的人，无论他说什么，都无法引起别人的兴趣。

相传，在一片漫无边际的荒漠中，有一座藏着无数旷世奇宝的古城，如果想得到它，就必须横穿整个沙漠，并且途中有很多机关和陷阱。虽然想把它据为己有的人不计其数，但都没有勇气迈出重要的第一步。

有一天，一个勇士带足了干粮和水，独自去沙漠寻找宝藏。为了在回来的时候不迷路，他每走一段路就会做一个明显的标记，终于在浩瀚的沙漠中开辟了一条路。眼看宝藏已经隐约可见，他却不小心掉进了爬满毒蛇的陷阱，命丧黄泉。一切又归于平静。

很多年过去了，又一位勇士踏上了寻宝的征程，他看到前人留下的标记，于是深信不疑地按照标记走下去，结局和那个勇士一样。

不知道又过了多少年，又一位勇士去寻宝，他并不相信前人留下的标记，否则寻宝的人就不会一去不复返了。于是，他小心翼翼地在沙漠里摸索着前进，终于找到了世人梦寐以求的宝藏。

这位勇士在临终之际对自己的子孙说："前人走过的路不一定就是对的。不要盲目地迷信前人的经验，即使经验是对的，也不一定就刚好适合你。只有最适合你自己的，才是最正确的。"

拥有独特的语言风格，展示只属于你的无法复制的个性，才能被别人记住、认可。锡格尼市位于美国的衣阿华州，该市的凯欧库克旅馆是当地最有名的一家旅馆，每年都有许多游客慕名而来。原因其实出在老板身上。老板被称为"快乐的韦勒"，他总是面带笑容，对谁都能说上几句贴心的话，认识他的人从未听到他对谁说过一句难听的话。

如果你没有姣好的面容，如果你没有过人的才华，如果你没有出众的学识，请记住，笑容永远是你免费可用而且百试不爽的交际良药。再难说服的人，也无法抗拒微笑的魅力，因为微笑时嘴角展示出来的弧度是这个世界上最迷人的。

绝大多数成功的人，他们都具有自己朴实的本性生活，在社交的舞台上，所表演的完全是他们自己的举止，绝不刻意去模仿他人或假扮成别人。无论环境多么恶劣，遇到多么大的困难，他们始终埋头苦干，虚怀若谷。他们低调而沉稳，从不故意摆出一副高高在上、不可一世的架势，反而和普通人一样诚实上进、虚心好学。更重要的是，他们从不以天才自居，只是默默地努力，朝自己的目标奋斗。因此，他们成功了，而且他们的成功是理所当然的。

纽约铁路快速代理公司副总经理金赛·N·莫里特先生说："二十多年来，与我接触过并且谈过话的人何止数千！但是，每一次我都以自己的本来面目与其对话，我绝不模仿任何人。因此，我获得了成功。而且这样对话方式也最具有说服力。"

歌德说："一棵树上很难找到两片叶子的形状完全一样，一千个人之中也很难找到两个人在思想情感上完全协调一致的。"富尔曼诺夫也说过："每个人都有自己的特点，没有两个人一样的；真是人跟人各异，石头跟石头不同。然而大家合在一起，就成了相互交织在一起的群英谱。"

一个人说话的风格，与他人交谈的方式，可以反映出一个人的态度与涵养。假如你对下级讲话趾高气扬，甚至带着鄙夷的语气，那么下级就会觉得你不好相处，渐渐就会敬而远之；假如你对上级讲话太过谦恭，他们就有可能认为你工作能力不足或没有骨气，也就不敢将重任托付于你。

也许有的人会给自己的"鹦鹉学舌"安一个好听的名字——向别人学

习。懂得向别人学习固然是一件好事，但绝不能盲目地模仿别人说话的风格或说话的语气。同样的风格或语气，也许从别人身上表现出来就显得很恰当，但如果用在你身上，也许就会显得不伦不类。因为他们不是你，你永远也无法变成他们。

拥有独一无二的语言风格，是你在最短的时间内获得别人的好感和认可最好的办法。从你诞生的那一刻开始，你就已经注定只能是你，你所能做的就是做一个与众不同的你，将你区别于他人的才能发挥到极致，感染力和说服力自然就会主动光临。

▶▶▶ 如何让你的语言更出众

(1) 简明扼要地说出你的想法和观点，这不仅能让对方更明白地了解你的目的所在，更能时刻提醒你自己不要在说服中迷失了方向。

(2) 用形象生动的语言把枯燥乏味的事说得生动活泼。形象生动的语言，可以化解尴尬的场面，更容易吸引对方。

(3) 在你的每句话里融入浓厚的情感。人类最容易被真情实感所感动，声情并茂，是演说家们成功的秘诀。

尽量让你的话简洁、有力

引言 人类的记忆大多只能记住短暂性的片段，话说得太多反而不容易引起人们的注意。与其把目光聚集在数量上，还不如努力提高自己的说话能力，让自己的每句话都能发人深省，让自己的每句话都具有强大的说服力。

世界上最短的总统就职演说，是1793年华盛顿总统的演说，虽然只有短短135个字，却举世闻名。

恩格斯在马克思墓前的演说只有区区1260个字。列宁在马克思、恩格斯纪念碑揭幕典礼上的讲话更少，仅有552个字。

我们在说话的时候，需要明确这么一个说话的目的：社交语言要简洁、精炼，并尽可能地承载更多、更有用的信息。长篇大论只是看似很有说服力，但实际上，没有几个人喜欢说话啰嗦的人。简洁、明快的语言，能增添说话的魅力。

好的话、激动人心的话，不在多，而贵在精，说话能力是一个人知识和智慧的综合体现。说话简洁明快的人，传递给人的是干练、明快的信息，体现了分析问题的快捷和深刻；说话简洁明快的人，必定是自信、果敢的；说话简洁明快的人，会给人留下活力四溢的印象，让人觉得生机勃勃；说话简洁明快的人，不会浪费听话者的时间，能使对方产生被尊重的感觉。这样才能真正地打动被说服者，收到满意的效果。

1863年7月1日，美国南北战争中的一场决定性战役，在华盛顿附近的葛底斯堡打响了。经过三天激烈的交战，北方部队最终大获全胜。战后，宾夕法尼亚州等几个州决定合资在葛底斯堡修建国家烈士公墓，将在此牺牲的全体将士埋葬于此。

1863年11月19日，在公墓的落成典礼上，美国总统林肯应邀到会演讲。这对林肯来说有很大难度，因为这次仪式的主讲人其实是艾弗雷特，林肯只是作为总统，在艾弗雷特说完之后顺便来个总结。要知道，艾弗雷特不仅是著名的政治家和教授，而且是当时被公认为美国最有演说能力的人，尤其擅长在纪念仪式上演讲。果然如此，他的这一次演讲长达两个小时，精彩绝伦，受到了众人的高度赞誉。

显然，林肯一出场就感觉到了巨大的心理压力。如何才能和观众建立良好的交往关系，并最终赢得他们的掌声呢？再三考虑之后，林肯决定以简洁取胜，结果大获全胜。虽然他的演讲只有短短的10分钟，但是从上台到下台的短短两分钟内，雷鸣般的掌声持续了10分钟之久。正是这次成功的演讲，在全国范围内引起了极大的轰动。

当时的报纸给予了这次演讲非常高的评价：“这篇短小精悍的演说是无价之宝，感情深厚，思想集中，用词精炼，字字句句都透露出了朴实和优雅的气质。行文毫无瑕疵，完全出乎人们的意料。”就连艾弗雷特本人也在第二天致信林肯：“我用了两个小时总算接触到了你所阐明的那个中心思想，而你只用了两分钟就说得明明白白。”

凡是在历史上留下了不可磨灭的印记的演说，必定是精炼、简洁的。人类的记忆大多只能记住短暂性的片段，话说得太多反而不容易引起人们的注意。与其把目光聚集在数量上，还不如努力提高自己的说话能力，让自己的每句话都能发人深省，让自己的每句话都具有强大的说服力。

一个年轻人年仅28岁，就当选了银行总裁。他从来没有想过自己会成为总裁，更无法想象这么年轻就能登上这个高位。有一天，在与股东会议主席——前任总裁谈话时，他诚恳地说："正如您知道的那样，我刚刚被任命为总裁。这真的是一个艰巨的任务，凭借多年的经验，您能给我一些建议吗？"

年长的前任总裁微笑着看着眼前的新总裁，吐出了六个字："做正确的决定。"

年轻的总裁期望得到更多的建议，于是说道："非常感谢您的建议，我相信您的建议一定会对我有很大的帮助。只是，您能说得更具体些吗？"

老人的回答仍然很简单："经验。"

新总裁不明就里，继续问道："没错，这正是我最缺乏的东西。但是，我要如何才能具备您所具有的经验呢？"

老人再次微微一笑，但仍然是惜字如金："做错误的决定。"

如果你想说服人，只要用最简单的话道明自己的心迹即可，不需要故意拖拉，这样只会招到对方的反感。说话啰嗦的人，在浪费自己和他人的时间的同时，也为说服埋下了失败的伏笔。

1912年，英美战争爆发，一个众议员用马拉松式的演讲来阻止通过对英宣战的决议。甚至战火烧到家门后，形势迫在眉睫时，这位议员仍然喋喋不休。直到半夜，听众席上早已是鼾声一片，一位议员实在忍无可忍，于是将一个痰盂扔到演讲者的头上，这场令人疲累的辩论才终于结束，通过了宣战协议。

1933年，一位名叫爱尔德尔的参议员为了反对通过“私刑拷打黑人的案件归联邦法院审判”的法案，在参议院滔滔不绝地谈论了整整五天。当时，一位记者进行了一个有趣的统计，结果显示：他在演讲台上共踱步75公里，做了1万个手势，吃了300个夹肉面包，喝了40公升清凉饮料。

说服，只有说才能让别人信服。而历史的经验告诉我们，最强有力的说服，绝不可能是废话连篇的人能做到的。真正深谙说服的技巧、善于说服的人，其实就是那些一语中的，用着最简单、明了的话语表达出自己的意愿的人。长篇大论，只会让听者摸不着头脑，不知道你的真实想法，如果你无法说服他，那问题其实是出在你身上，怪不了任何人。

▶▶ 唠叨不休是婚姻的终结者

（1）地狱魔鬼所发明的邪恶的毁灭爱情的计划，喋喋不休是最致命的，是最令人无法忍受的。

（2）喋喋不休的人，必然怀着满腔的抱怨和不满，但是，喋喋不休并不能真正地解决任何实质性的问题，并不能像变魔术一样把抱怨和不满都变走，只会让你的相貌因为你的唠叨而变得更丑陋。

（3）唠叨和挑剔，无疑是对人的自信心和自尊的一种长期的打击和折磨。

寻找共同的话题

引言 中国有一句老话是这样说的："酒逢知己千杯少，话不投机半句多。"说服他人，关键在于你是否能抓住对方的心，倘若你的话能让对方生出快乐之意，成功就离你不远了；相反，倘若你的话只能让人哈欠连天，就多半会失败。

你是否有这样的体会：和家人、朋友聊天时话题总是源源不断，但是一遇到陌生人，脑子里就会一片空白，嘴巴像被胶水粘住了一样，一句话也说不出来。这很正常，主要是因为你不知道对方关心的话题是什么。

每个人关心的话题都不一样，如何在最短的时间内找出对方关心的话题，是我们在说服的过程中需要解决的重要问题。比如，男人往往对体育运动、新闻、汽车等方面的内容比较感兴趣，女人则更加关注美容、服饰、时尚等方面的信息。

不同的角色和身份，关心的话题也各不相同，比如，整天围着家庭转的家庭主妇和事业型的女人关心的话题就不一样，在前者面前提及工作或者在后者面前提及家务，绝对会让她们觉得无所适从，甚至可能拂袖而去。要知道，反复谈及自己并不感兴趣的事简直就是对听者精神的一种极大的折磨，除非你有足够大的耐心和足够深厚的内涵，能强忍着内心涌动着的反感不表现出来。

在与人的交往中，一个合适的、能引起对方兴趣的话题，直接决定了说服的结果。尤其是在与陌生人交往时，更要寻求彼此在兴趣、性格、阅历等方面的共同之处，在你和对方之间找到一个交叉点，否则你的说服会以失败而告终。

卡耐基的朋友查利夫是一位在童子军中极为活跃的人物，他曾给卡耐基写过一封信。

欧洲即将举行童子军露营活动，我觉得我需要有人帮忙，我想请美国一家大公司的经理资助我的一个童子军的旅费。在我去见这个人之前，我刚好听说他曾开了一张百万美元的支票，而这张支票退回之后他一直把它放在镜框里，因此我走进他的办公室后做的第一件事就是谈论那张一百万美元的支票。我告诉他，我从来没有听说过有人开过这么大面额的支票，但我要告诉我的童子军，我的确见过一张百万美元的支票。他高兴地向我展示那张支票，我表现得非常羡慕，并恳请他讲述其中的经过。

到这里，查利夫先生一直没有提到关于童子军或露营活动的只言片语。事情接下来会怎样发展呢？

想不到的是，我只请他资助一个童子军赴欧洲的旅费，他竟然资助了五个童子军，并邀请我们在欧洲住了一个星期。他给我写了一封介绍信，吩咐他分公司的经理帮助我。他还亲自到巴黎接我们，带领我们四处游玩。后来，他给那些家境贫苦的童子军提供了一些工作机会，而且直到现在他仍然在全力支持我们的工作。

但我知道，如果我不曾找出他所感兴趣的事，先让他高兴起来，那么我很难接近他。

在这个世界上，恐怕没有人愿意和一个只顾自己的感受，全然不顾他人感受的人谈话。一个让对方感兴趣的话题，能迅速拉近彼此间的距离，是谈话得以继续的必备条件。比如，有的人是球迷，就认为所有人都是球迷，张口闭口就是足球。如果遇到的正好是对足球不感兴趣的人，就会让对方觉得索然无味，谈话很快就会被迫终止。

联邦自动售货机制造公司的业务部有一项规定，就是所有推销员在工作时都必须带一块两尺宽三英尺长的厚纸板，纸上写着：如果我可以帮您让这块地每年收入300万美元，您愿意吗？几乎没有人会拒绝这样的好事。与顾客见面后，推销员就会以此为话题引起顾客的注意与兴趣，引导他们去思考，从而转入正题。结果证明，这个方法在推动该公司市场的不断扩大方面起到了非常大的作用。

除了关注对方的需求外，选择话题时还要尽量避开对方的禁忌，不要触及对方的隐私，尽量选择一些适用于任何场合、任何人的“安全系数高”的话题。比如，在爱情不顺者面前不要谈与爱情和婚姻相关的话题，以免勾起对方的伤心往事；在与从事带有保密性质工作的人士交谈时，不要谈及对方工作方面的话题。假如你是一个共和党人士，你的谈话对象却是一个民主党人士，如果你喋喋不休地高声宣扬共和党的优势，即使对方没有发作，恐怕也坚持不了多长时间。而无论谈话对象是谁，英国人往往会用谈论天气的方式打开话匣子，中国人的第一句则是“吃饭了吗”，在我看来，这是再安全不过的话题。

耶鲁大学原教授菲利普先生是一个非常和蔼的人。他谈起了自己早年时的故事。

“我8岁那年，有一次去姑妈家，那是一个周末，”菲利普在一篇谈论人性的小品文中这样写道，“有一个晚上，一位中年人来到姑妈家。在和姑妈随便聊了几句之后，他就把注意力转移到了我身上。当时我对船很感兴趣，而这位来访的客人和我谈论了这方面的知识，当然令我产生了特殊的兴趣。他离开之后，我还对他赞赏不已。他是纽约的一位律师，本来他对有关船的事情是不应该如此热心的，甚至是根本不会有兴趣的。”

“可是，他为什么自始至终都在与我谈论船的知识呢？”菲利普问姑妈。

姑妈说：“因为他是一位高尚的人。他见你对船很感兴趣，就谈论这些你关注并感兴趣的话题。通过这些方法，他使自己成了一个受欢迎的人。”

最后，菲利普教授又补充道：“我永远也忘不了我姑妈对我说的这些话。”

寻找话题并不难，真正难的是寻找对方感兴趣的话题，并努力迎合对方的兴趣，让对方心甘情愿地接受你的说服，这是说服的最高境界，也是说服者必备的能力之一。几位著名说服专家在这个问题上达成了共识。

一般来说，人们通常会对下面几个话题感兴趣。

1. 关乎谈话者自身利益的话题

只有在谈及与自己的经济利益密切相关的话题时，才能表现出极大的热忱和专注，这是人的共性。如果谈论的是与自己毫无关联，不会对自己产生任何影响的话题，大多数人不会耐着性子任由对方高谈阔论。有谁会对“别人家”的事感兴趣呢？

在了解对方真实想法的时候，如果问题一下子触及到了核心部分，会给对方带来不必要的压力。因此，最好先提些表面性的问题，然后再逐步靠近核心。

2. 与谈话者的兴趣、身份相符的话题

如果你面对的是一个学识渊博的教授，就要尽量避免谈论专业知识，那样只会暴露你浅薄的学识；如果你面对的是一个目不识丁的中年妇人，应该尽量避免客套话或专业术语，否则只会加速你唱“独角戏”的进程。不符合对方兴趣、身份的话题，绝对不会结出你预料之中的“果实”。

3. 新奇的话题

每个人都有猎奇的心理，一个新奇的话题往往能极大地调动人的好奇心，从而使谈话得以继续。

寻找话题并不难，生活中的任何一件事都能成为开启人际关系的话题，但要谨记，只有让对方感兴趣的话题才能指引事情朝着你希望的方向发展，最终达到你说服的目标。

你知道如何交知心朋友吗

（1）如果我们想要交朋友，并成为受人欢迎的说话高手的话，就要用热情和活力去应对别人。

（2）接触对方内心思想的妙方，就是和对方谈论他最感兴趣的事情。

（3）假如我们只想着让别人注意自己，让别人对我们感兴趣，我们就永远也不会有许多真挚而诚恳的朋友。朋友，真正的朋友，不是用那种方法可以交到的。

（4）对别人漠不关心的人，他的一生困难最多，对别人的损害也最大。冷漠的人，穷其一生也无法得到别人的关心，因为他们从未付出过关心。

实话也不必直说

引言 好心说出来的话，未必就是好话。真正的好话，其实与话的本身并无很大的关系，主要取决于你说话的方式是否正确，你说出来的话是否令人愉悦。直话直说未必是好事，拐个弯说话或许能让你收获不一样的成功。

俄国沙皇时期，彼得堡一个因赌场失意而欠了一屁股债的少尉在喝得酩酊大醉时，说道："沙皇陛下在我的屁股底下。"他的这句大不敬的话恰好被他的死对头听到了，于是把他告上了法庭。法官经过认真的审理，确认少尉的言行有罪。彼得堡的记者们要报道这个判决的理由，但又不能重复那句侮辱沙皇的话，简直是煞费苦心。后来，一个聪明的晚报记者写的消息登上了各报纸。他是这样写的："安里扬诺陆军少尉违法，军事法庭判处他有期徒刑两年，因为他泄露了一些有关沙皇陛下住处的令人不安的消息。"

很明显，这个晚报记者的成功在于他直话不直说。同样是一句话，换一种方式表达，就能产生不一样的效果。尤其是一句令人难以接受的话，如果直说，难免会引起他人的尴尬甚至反感；但如果换一种说话方式，往往更容易令人信服。

我们时常会遇到这样的事，在说服或演讲的时候，有人会提出不同的看法，甚至理直气壮地提出反对意见。大多数人遇到这种情况，会针锋相对，用自己的伶牙俐齿与对方好好理论一番。但事实上，对真正下定决心的人或立场坚定的人来说，说服他们实在不是一件容易事。说服这类顽固分子，你还需要一点技巧：当你的说服遭遇了无法进行下去的困难，转个弯说话或许为你带来意外的惊喜。

有一次，但丁出席威尼斯执政官举行的宴会。端菜的人给意大利各城邦使节奉上的是一条条肥大的煎鱼，给但丁的却是很小的鱼。

但丁什么话也没说，也没有吃鱼。他用手把盘子里的小鱼拿起来，凑到耳朵边，然后再放回盘子里。

执政官看见了，奇怪地问："你在做什么？"

"几年前，我的一个朋友去世后进行了火葬，我想知道他的遗体是否还在，所以就问问这些小鱼有没有看见他。"

"小鱼说什么了吗？"

"它们说，它们还小，不知道过去发生了什么事，让我去问邻桌的大鱼。"

执政官哈哈大笑，吩咐端菜的人给但丁端上了一条最大的鱼。

很明显，如果实话实说，但丁不仅得不到大鱼，反而会遭到各使节的嘲弄和羞辱，但同样的话，他采用了委婉的表达方式，收到了良好的效果，还赢得了众人的好评和尊敬。请时刻记住一句话：说话的能力永远不会以说话的多少为评判标准，真正的说话高手，更应该懂得直话不直说的道理。

经济大萧条时期，曼莎小姐好不容易找到一份在一家高级珠宝店当售货员的工作。圣诞节的前一天，店里来了一位大约30岁的男顾客，他虽然穿着整齐干净，看上去很有修养，但很明显，他是一个遭受失业打击的不幸者。

此时，店里只有曼莎一个人，其他几名售货员刚刚出去了。曼莎和男子打招呼时，男子不自然地笑了一下，目光从曼莎的脸上慌忙躲闪开，仿佛在说：“你不用理我，我只是来随便看看的。”这时，电话铃响了，曼莎赶忙去接电话，但不小心将摆在柜台上的盘子碰翻了，盘中六枚精美绝伦的金戒指掉到了地上。曼莎慌忙弯腰去捡，捡回了五枚，却怎么也找不到第六枚了。当她抬起头时，看到那位男子正向门口走去，她明白是怎么回事了。

当男子即将推门离开时，曼莎礼貌地说：“请稍等，先生。”

男子转过身来，两个人相视无言，足足有一分钟。曼莎的心怦怦直跳，紧张得几乎说不出话来。她想：他身上会不会有枪或匕首呢？我该怎么办？

“有什么事吗？”

曼莎鼓足勇气说：“先生，今天是我第一天上班，您也知道，现在找份工作多么不容易，您能不能……”男子用极不自然的眼光注视着她，许久才露出了一丝微笑。

“是的，的确如此。”男子回答，“我敢肯定，你一定会非常优秀的。”

男子向她走去，并把手伸给她，说：“我可以祝贺你吗？”

曼莎忙不迭地点头。两人紧紧地握了握手，然后男子就转身走出了店门。

然后，曼莎转身走向柜台，把手中的第六枚戒指放回原处。

曼莎成功地从男子手中拿回了戒指，保住了自己的工作，最重要的原因在于她洞悉了男子的心理，在谈话的过程中赋予了男子渴望的自尊。试想一下，如果当时她不是好言提醒，而是厉声斥责他，肯定会是另一种不堪设想的结局。

人类总是自以为是地认为，凭着自己的一片好心和一张巧嘴，就能说服所有的人。但是，任何成功的说服都不是轻而易举就能做到的，要说服他人，动机高尚还远远不够，最重要的是，你要做一个真正懂得什么时候说话、怎样说、说什么的聪明人。

⏩ 如何让对方欣然接受他的不足

（1）当你找出一条理由来指出对方的错误时，对方一定会找出十条理由来反驳你，所以，千万不要让对方产生这种抗拒心理。

（2）即使真的是别人错了，他也不需要你的直言不讳，更不要自以为是地去指使他，因为没有人会在被强迫的情况下做事时还保持着愉悦的心情。

（3）你必须站在他的立场去考虑问题，并进一步反驳他。

至关重要的最后一句话

引言 人们对说话时的最后一句话总是会印象特别深刻，最后一句话往往能起到至关重要的作用，可能让你无懈可击的前期努力功亏一篑，也可能在关键时刻扭转乾坤。

心理学家指出，每个人都会对谈话的最后一句话印象最深刻，因此，如果你在谈话快结束时，出现发人深省的句子，一定能收到良好的效果。

有时候，同样的话语，顺序不一样，就会产生不一样的效果。比如，你在介绍一个人时，前面说了很多他的优点，却突然来了个“但是”，再说他的缺点，听者就会对这个人的缺点印象深刻，却在潜意识里将前面的优点忘记得一干二净。但如果你先介绍的是对方的缺点，然后才是对方的优点，结果就会完全不一样。听者会对对方的优点记忆深刻，却忽略了他的缺点。

卡耐基年轻时就有过这样的经历：

那时，刚刚大学毕业的卡耐基还在一家公司当推销员，他每天都必须乘车到南萨克斯州去推销。有一天，他来到车站，因为这里并不是他的业务区域，并且离开车时间还有两个多小时，便在车站附近来回踱步，还表情十足地朗诵莎士比亚四大悲剧之一的《麦克白》中的台词：

可以看见那短剑，锋芒朝向这里……你要我去握住它吗？……我没有办法，只能看见它，这把短剑……

当他在动人的剧情里陶醉不已时，一位巡逻的警察突然朝他走来，厉声呵斥他："你的行动非常可疑，你该不是想劫持列车吧？"

卡耐基觉得莫名其妙，不知道到底发生了什么事。

原来，附近列车上的一位女孩听见他念着"短剑，短剑……"，就觉得他是一个持有短剑等凶器的危险分子，于是报了警。

比如，如果你想激励一位经常迟到的员工，你一再警告他："为了你自己的前途和饭碗着想，你不要再迟到了！"

不管你说多少遍，这句无关痛痒的话丝毫不能引起他的警惕，他还是照样迟到。

也许，你可以试着这样说："如果你再继续迟到，我保证你一定会被开除、领不到年终奖……"

听到这里，他一定会意识到事情的严重性，心里也会特别对"开除"等句子产生深刻的印象，进而产生恐惧，然后激发出动力，再也不会迟到了。

良好的第一印象会为自己在他人心目中的形象加分，第一印象固然重要，说服的最后一句话同样重要。众所周知，一个好的开始就意味着成功了一半，但是一个好的结尾，一个令人意味深长的结尾同样重要。否则，第一印象再好，也抵不过一个失败的结尾。

同样一句话，只是语序不同，就可能影响沟通。在说话时，后面出现的词语或句子常常影响了传递信息的基调。比如，天气预报在报道天气时往往会说“某某地方会下雨”，而不是说“可能下雨的是某某地方”。这两句话听起来意思好像差不多，但实际上相差了十万八千里。前一句，给人留下最深的印象就是“下雨”，根本不在乎是哪里，因此就会笼统地认为所有的地方都会下雨。

而听到后一句的人，会将注意力放在“某某地方”上，如果这个地方和自己所在的地方距离很远，那么就会无意识地将这个讯息归入“无用讯息”的行列，不自觉地删掉或遗忘。这就是语序不同带来的不同效果。

如果你想说服一个人，除了要尽力让你拥有完美的第一印象外，还要慎重对待你的最后一句话，因为最后一句话的好与坏、对与错，往往会直接影响说服的成与败。

⋙ 让你的每句话、每个字都有力量

(1) 在说任何一句话之前，都要认真考虑，确保不会因为你的话而产生任何不好的影响。

(2) 有力度的说服才能让人心悦诚服，没有力度的说服只会暴露你肤浅的知识和拙劣的说话技巧。

第五章
借助外力，擅用身边的说服工具

能凭一己之力说服别人当然是再好不过了，但是当你费尽唇舌仍一无所获时，何不擦亮眼睛到处看看，因为其实你身边就隐藏着很多说服“帮手”。

擅用第三人或更多人

引言 人类的行动会在很大程度上受外界环境的影响，一个人的思想或行为往往并不一定出自于他的内心，而只是对大多数人的一种附和。

我们每个人都不可能孤零零地生活在这个世界上，无论是生活、学习还是工作，都会在一定程度上受到他人的影响。很少有人能抵挡得了从众的群体压力，绝大多数人会在这种无形的压力下违背自己的意愿而选择随大流。这就是我们常说的公众效应，而指引我们改变自己的意愿去迎合大众的就是从众心理。

善于做说服工作的人都知道，人们做事时受个人的具体经验的影响比受空洞的大道理的影响要大得多。对一个病人来说，如果医生劝他服某种药物，即使医生再三证明这种药有效，并说了很多药理知识和道理，有些病人总还是免不了心存疑虑。但换一种方法试试，如果医生告诉他：他自己也服这种药，只用了一个疗程就痊愈了。听了这个活生生的个人体验，病人一定不会再有所顾虑了。心理学家塞肯研究这种方法的效果时发现，成功的推销员往往使用具体的例证向顾客说明：他们现在的选择已有人作过。

商家在销售产品时，为了说服顾客购买，经常会用到人们的从众心理。在电视募捐节目中，节目主持人会花大量的时间阅读已捐款者的名单和捐款数额，一方面是为了公开信息，更重要的是要告诉你一个信息：别人都捐了，为什么你还没捐呢？

街头的卖艺者会在他们盛放捐款的盒子里放几张面额较大的纸币，其实是在暗示其他施舍者捐了大票。

保险推销员在推销保单时经常说的一句话就是：“某先生或太太已经买了。”而这位先生或太太必定是保险推销员精心筛选后的结果，具有代表性，这样会在无形中增加说服力。这些活生生的事例都说明了一个事实：公众效应中潜藏着巨大的说服力，并且在一定的条件下可以转化为说服力。

人们为什么会有从众心理呢？专业人士分析，人们之所以会有这样的心理，是因为他们认为领先者会承担一定的风险。而从众可以帮助我们克服不安全感。强烈的自我保护意识，拦住了我们当“第一个吃螃蟹的人”的步伐，宁愿以随大流的方式违背自己的意愿。我们想当然地认为，既然他人也做了这样的决定，就不会有什么风险了。

很多时候，我们做出某个决定并非出自我们内心，而是受了他人的鼓动或影响。

为了说服对方，用事实说话是一种强有力的手段。不过，可作为例证的事实很多，随意所举的例子未必具有说服力，关键是要选取典型例证。典型，是具有代表性的人物或观点，典型例证就是要以有代表性的事实来证明自己的观点或反驳对方的观点。就辩论而言，典型的取材，既要注意事例的代表性，又要注意针对性，而最根本的是要使对方当场感到你的论据是真实的，不容置疑。

广告学中的“名人效应”很大程度上正是为了解决客户这个“还有谁买过”的问题。销售人员自己和客户解释，效果可能不是很好，但是如果有一位有声望的人给你作证的话，客户的怀疑心理就会减弱。

在公园里，一个人突然停下脚步，抬头望着天空。旁人不知道发生了什么事，以为天上有什么好看的东西，于是纷纷停下来仰望天空。渐渐地，越来越多的人加入了这个队伍，但并没有人知道自己到底在看什么，事实上他们什么都没看见。终于，一个人忍不住好奇地问第一个人望着天空的人，他笑着说：“没什么，我流鼻血了，仰头是为了止血。”众人一片哗然。

一位心理学家曾做过一个实验：他让被实验的人听两种完全相同的音乐带，却告诉他们，其中一种出自著名音乐人之手，另一种则是初出茅庐的歌手的作品，要求他们听完后说说自己的真实感受。结果发现，大多数实验者都倾向于第一种音乐，他们纷纷表示，“前者似乎更动听”。

人们总是喜欢附和比自己优秀的人或权威者的意见和判断，尤其当他们遇到不熟悉的人或不了解的事物，无法判断并下结论时，这种现象表现得更加明显。

在相似的环境、场合或情景下，人们才会产生习惯带来的舒服感，按照规范做事。如果你逛街时觉得饿了，想去饭店吃饭，从这个念头产生的瞬间开始，从众效应就会在你身上发挥威力了。在选择饭店时，你会观察哪家饭店的人气最旺，因为大多数人认为，人越多证明饭菜的味道更好。走进饭店后，你不知道什么菜最好吃，要么观察周围人的选择，要么直接问服务员什么菜最受欢迎。也许大多数人的选择并不是最好的，未必适合你，但只要你在潜意识里是这么认为的，那就没什么不妥的。

如果你在安静的图书馆里，一定不会像在吵闹的酒吧里一样大声喧哗，除非你想被正在认真看书的人如刀子般的目光杀死，从此被拉入“禁止进入图书馆”的黑名单。如果你要去一家高档的饭店赴约，一定不会像在街头小巷的小酒馆里吃饭时一样穿着背心短裤拖鞋，除非你想让和你约会的人颜面扫地，在众人的讥笑声中被服务员“请”出去。

我之所以举这些例子，只是想让你明白一件事：公众效应中潜藏着巨大的说服力。而他人举荐又是说服过程中一个至关重要的影响因素。实验证明，举荐人与目标人物的相似之处越多，说服力就越大，说服的效果就越好。而一个合适的举荐人，并不一定是最优秀的，而应该是与目标人物的背景、生活条件等最相似，最能与目标人物产生心理共鸣的人。

比如，在向一名太太推销儿童读物时，有孩子的推销员明显比没有孩子的推销员更有说服力，相似的经历能让推销员与客户之间产生共同话题；在向美发沙龙的老板推销新的美发用品时，最能影响他的答复的，肯定是使用过该产品的其他美发沙龙老板的意见。如果你试图用某位明星甚至总统来说服他，对方很快就会下“逐客令”；父母在鼓励孩子努力学习时，也常常会用到这种方法，很快就会发现十分奏效。

真正的说服者，总是善于从任何细微处发掘说服力。政府和商家经常通过民意调查来告诉我们其他人正在想什么、做什么，从而影响更多人做出相同的反应，说服更多的人。这就是公众效应的威力。

▶▶ 关于从众效应的小测验

（1）你喜欢看广告吗？总是会尝试一下广告宣传的新鲜事物吗？

（2）你在做任何决定时，都喜欢听从别人的意见吗？

（3）当你的意见和他人的意见正好相反的时候，你是坚持己见，还是随大流儿呢？

多用恰当的比喻

引言 一个生动形象的类比，能化复杂为简单，化艰深为浅显，化抽象为具体。

我们经常会遇到这样的问题：即使话说得口干舌燥，就是无法说服对方，让对方心甘情愿地接受自己的观点。很明显，你说得话已经足够多了，你之所以不能说服人，不是因为你说得少或者说得不好，而是因为你说得不够生动，不足以打动人。

天国就像酵母，人们把它放到面粉里，它就会全部发酵完毕……

天国就像寻找珍珠的商人……

天国就像撒入大海中的网……

大多数人可能对“天国”并不熟悉，而酵母、商人、网则是为大家所熟悉的东西。正是运用了这些精彩而贴切的比喻，才帮助人们更容易理解说话者的意思。

比喻就是根据两类对象某些相同或相似的属性而推出它们可能有其他相同或相似属性的逻辑方法；这样得出的结论是或然性的，但它是根据事物的某种相同点，用已知的事物说明未知的事物，所以能起到启发联想和触类旁通的作用。

当知道新任总统只是来自南部的一个“乡巴佬”时，反对林肯的人对他贫穷的家庭环境和不太美观的长相进行了猛烈的抨击。甚至有一次，一个反对者当着林肯的面在公共场合大声叫嚷：“你这个穷小子，干脆滚回老家去。”

无论对方怎么说，林肯都毫不动怒，镇定自若地继续自己的演讲。演讲结束后，助手问林肯为什么不生气，林肯平静地说：“在我看来，那个人只是一只叫嚣的疯狗。作为人，被狗咬了，难道还要反咬回去吗？”

在日常生活或工作中，为了某些事或某一个观点，我们难免与人辩论。这时，如果你运用一个生动形象的比喻，一定能收到比滔滔不绝的说教更好的效果。比喻，不仅能使抽象的事物具体化，使深奥的道理浅显化，而且能增强说理辩论的形象性、逻辑性和说服力，同时引起人们丰富的联想。

俄国著名作家赫尔岑有一次应朋友之邀去参加一场音乐会。可是，音乐会的节目刚开始演出不久，赫尔岑就表现得非常厌恶，并用双手捂着耳朵打起瞌睡来。

女主人对赫尔岑的举动感到十分惊讶，于是推了推赫尔岑，问道：“先生，你不喜欢音乐吗？”

“不，但是我实在不知道这种低俗轻佻的音乐有什么好听的。”赫尔岑摇了摇头，指着演奏的地方说。

女主人忍不住大声惊叫：“你说什么？要知道，这里演奏的可都是流行的乐曲呢！”

“可是，难道流行的乐曲就一定很高尚吗？”赫尔岑从容地反问道。

女主人对赫尔岑的话甚为反感，极其不悦地说道：“不高尚的东西怎么可能流行呢？”

“我知道了，也就是说，流行性感冒也是高尚的。”说完，赫尔岑就向女主人告别了。

如果不是用这个简单易懂的比喻，赫尔岑恐怕要费大量的唇舌来向女主人解释自己对所谓的“流行乐曲”的蔑视了，而只用了三言两语，赫尔岑就将自己内心的反感彻底地表现出来了。

有一次，实验物理学家法拉第在大庭广众之下做电磁学的实验表演。实验刚结束，忽然有人站起来高声问法拉第：“这有什么用呢？”法拉第不假思索地回答道：“请问，新生的婴儿有什么用呢？”

包括提问者在内，谁都是从婴儿长大的。对“婴儿有什么用”，这一反问是不用回答的。法拉第将处于实验阶段的地磁学理论，跟新生婴儿做类比，启人遐思，发人深省——使提问者自觉地去批判对科学实验的怀疑态度，同时也在自省中反思科学发展的未来。

很多时候，再多的话也抵不过一个恰当的比喻来得实用。用比喻来说明事理，不仅言简意赅，增强说服力，还能为自己的话语增加一些幽默的色彩，从而更好地达到说服的效果。

德国有一位女数学家叫艾米·诺德，虽然她已经获得了博士学位，却没有开课“资格”，因为她需要另外写一篇论文后，教授才会讨论能否授予她讲师的资格。

当时，著名数学家希尔伯特十分欣赏艾米的才能，他到处奔走，为她争取在哥廷根大学任讲师的资格。但是，他的这个要求在教授会上引起了争议。

一位教授说：“当我们的战士从战场回到课堂，发现自己竟然拜倒在女人脚下读书时，会有何感想呢？”

希尔伯特站起来，坚定地批驳道："先生们，候选人的性别绝不应成为反对她当讲师的理由。毕竟，这里是大学评议会，而不是澡堂子！"

在和他人交谈或者为了反驳对方的观点时，可以采用类比反驳的方法，因为其语言锋利而诙谐，能轻而易举地驳倒对方。

用比喻的方式讽刺对方，可以大大增强讽刺的力度，让问题更加尖锐，让对方措手不及。最重要的是，讽刺对方时借用一个比喻，不但能确证自己的命题，还能增加对方反驳的难度，因为对方除了要反驳你的论题外，还得设法反驳你的比喻。

▶▶ 比喻让你更受欢迎

(1) 如果你说了很多话，仍然无法说服别人，那至少可以证明一点，你不懂说话的技巧。

(2) 如果你正在说服的人精神不集中，思想涣散，那么一定是你的话不能吸引他。

(3) 很多难以解释清楚的问题，只用一个简单、生动的比喻，也许就能说得明明白白，这就是比喻的魅力。

(4) 一个善于用恰当的比喻来说服他人的人，可以被视为聪明的人。

尽量让你的论据更充分

引言 最简单的，可能恰好就是最深奥的。阿拉伯数字是世界上最简单的文字，却能在关键时刻表达出最深奥、最具说服力的意思。

数字给人最大的感觉就是真实、具体，能让人在脑海里形成清晰的图像。如果你想说服一个人，不妨列举出具体的数字，这可以大大地增强你的说服力，往往能产生意料之外的效果。

1922年，来自纽约的一位女国会议员贝拉·伯朱格发表了一次演讲，呼吁在政治生活中给予妇女与男人平等的地位。她的演讲内容是这样的：

“在几个星期之前，我在国会倾听总统对全国发表讲话。当时在场的共有700多人。我听到总统说道：‘今天，美国政府的全体成员和内阁成员都聚集在这里。’我环顾了四周，发现在这700多名政府要员中，只有12位女性；在435名众议员中只有11位女性；在内阁人员中，没有一位是女性；在最高法院中，也没有一位是女性。”

这些具体的数字起到了很大的说服作用，直接地表明了她对男女不平等的社会现象的不满。不管你是否赞成她的观点，至少在这些确凿的数字面前，你都必须承认一个潜在的事实：男女不平等的现象确实存在。

《纽约时报》曾刊登了这样一篇文章："调查表明，从一年级到十二年级的青少年学生，大约有一万多人是在听摇滚音乐中度过的，这比他们在校十二年度过的全部时间只少500个小时。有人做了一次普查，平均每一位观众一年中从电视节目中可以看到9000个表现性行为的镜头。暴力场面更多。一般高中生到毕业时，观看电视2.2万小时，相当于他们在课堂时间的两倍，在这2.2万个小时里，可以看到1.8万次谋杀……"

你相信吗，巴黎的卢浮宫的一面空墙就吸引过数十万计的游客。本来这面墙不是空的，而且悬挂着法国的镇国之宝——达·芬奇的经典名画《蒙娜丽莎的微笑》，每天都有近万人慕名从各地来参观《蒙娜丽莎的微笑》。

但是突然有一天，这幅名画被盗了。当成千上万的游客来到卢浮宫时，看到《蒙娜丽莎的微笑》不见了，有感叹的，有愤怒的，有遗憾的，更有猜测《蒙娜丽莎的微笑》去向的，而卢浮宫也发出了官方声明:《蒙娜丽莎的微笑》失窃。但是让卢浮宫的工作人员奇怪的是，自从官方声明《蒙娜丽莎的微笑》失窃后，每天竟有大量的游客来看这面空墙。每天在这面空墙前，游人如织，很多游客甚至久久不肯离开，还有人不远千里就是为了来看这面空墙。

见此情形，原本打算在这面空墙前放上其他名画的卢浮宫工作人员，放弃了这样的想法，把这面空墙留了下来。就因为这面空墙，卢浮宫每天的游客竟是平常的几倍。

一年多后，警方抓住了盗窃此画的小偷，《蒙娜丽莎的微笑》终于重新回到了卢浮宫。出人意料的是，卢浮宫的工作人员统计后发现，一年来参观《蒙娜丽莎的微笑》的游客，竟然只有过去一年的1/12。

一位顾客进了一家地毯商店，看上了一款地毯。

顾客问道："这种地毯多少钱？"

店老板立刻热情地接待了他，回答道："24元8角一平方米。"

顾客听完这句话后就离开了。显然，他觉得地毯太贵了。

店老板的一位朋友提出了建议："你可以这样说。比如，先生，这地毯一点也不贵，如果在您的卧室铺上地毯，每天只需要1角钱。"

见老板疑惑不解，朋友立即解释道："假设卧室地毯需要10平方米的话，总共是248元；地毯的寿命为5年，共计1800多天，平均每天大约就是1角钱，还没有一支香烟贵。"

这样一来，商店的生意果然好了很多。

什么样的论据才有说服力？一个很基本的要求就是论据要坚实可靠，不能让人产生不信任感。人们相信：向听者提供切实的资料比提供主张更有力。

了不起的阿拉伯数字

（1）往往，最简单的恰恰是最复杂的，不起眼的阿拉伯数字，却是我们的学习和生活中必不可少的组成部分。

（2）如果没有了阿拉伯数字，我们的世界或许会变得一片混乱。

重视环境优势的作用

引言 大部分人在自己的客厅里说话比在别人的接待室里说话更有说服力，所以精明的交涉者在与人洽谈重要事务时，总是争取在自己的而非对方的办公室里进行。

或许很多人会有这样的感受，在自己熟悉的地方或环境里，自己的说话能力明显比在陌生的地方或环境时高，很多成功的说服就是在这种情况下完成的。这到底是为什么呢？很简单，这其实就是我们常说的“主场优势”。

主场优势暗含了一种巨大的心理安慰的能量，可以增加一个人的自信心。

比如，在足球和篮球比赛时，主场优势就表现得非常明显。首先是人，来自本地的观众自然比远道而来的观众多得多，助威声、呐喊声、欢叫声，各种声音汇聚到一起，就会如同一把利剑一样插进对方的心里。要想在客场取得胜利，技术自然是最重要的因素，但心理承受能力的作用同样不能小觑。

大部分人在自己的客厅里说话比在别人的接待室里说话更有说服力，所以精明的交涉者在与人洽谈重要事务时，总是争取在自己的而非对方的办公室里进行。

英国心理学家泰勒尔和他的助手兰尼曾做过一次实验。实验人员把志愿者分成三人一组，每组由影响力大、中、小不同的人组成；然后，请他们讨论并表决该校预算中十项可以削减的项目中哪几项最宜减掉。一半的小组会议在影响力最大者的寝室里召开，另一半则在影响力最小者的寝室里举行。最后的结果显示：即使主人的影响力最小并且客人也持反对意见，但最终还是屈从了主人。

一位著名的谈判专家曾说过，谁选择了谈判地点，谁就掌握了主动权。对销售人员来说，如果客户不是很信任你或者你为了向客户展现自己的实力，可以主动邀请客户来自己的单位考察。在自己的单位谈判，绝对对自己有利。

但如果是去对方单位谈判，就要仔细观察、了解对方各方面的情况。包括对方本人、机构、管理等方面，还要观察对方最后是怎样做出决定的，是一个人做决定，还是要和他人商量。总之，你了解得越全面、越详细，谈判成功的几率就越大。请记住，你不能忽视任何一个细节，因为也许对方不经意的一句话、一个动作或一个表情，往往就能成为谈判成败的决定因素。

掌握了主动权，就意味着成功了一半。如果你选择的是一个能引起对方强烈兴趣的话题，并用你的热忱和真诚逐步得到了“是”的回答，那么你就一定能成功地说服对方。这个对方，不是指特定的某个人或某些人，而是任何人。

▶▶ 谁选择谈判地点，谁就赢

（1）实验证明，在自己的地盘谈判的一方，明显具有很大的心理优势。

（2）谈判，考验的是双方的说话技巧，更是双方关于心理素质的一次较量。

巧妙运用瞬间的沉默

引言 很多时候，说得多不如说得少，说得少不如什么都不说，沉默往往比任何说服技巧都管用。

古印度哲学家白德巴认为，能管住自己的嘴巴是最好的美德。有时候，话太多未必是好事，反而会坏了大事。西方也有这样一句谚语："一个人的话太多，代表他说话是不用脑子的。"

说话是人际沟通最直接的方式，为了表现自己的博学多识，很多人在任何场合都是一副夸夸其谈的样子，因为他们认为说得越多，就能得到越多人的认可，获得更大的成功。如果你无法确保自己的每句话都能启迪他人的心灵，最明智的做法就是尽量少说，甚至是不说。说得多不如说得少，说得少不如什么都不说，沉默往往比任何说服技巧都管用。

过去，心理学家常常认为人们应该大胆地说出自己的心里话，但现在人们渐渐觉得，与人交往时更需要忍耐和沉默。请记住，沉默不是无言的无奈，更不是无能的软弱，有时候，不说比说威力更大。

爱迪生发明了自动发报机后打算卖掉这项发明及制造技术，以便有资金建造一个实验室。因为不熟悉市场行情，不知道这项发明到底能卖多少钱，爱迪生就和夫人玛丽商量，但玛丽在这方面也是个外行。

两个人都很发愁，不知道如何向别人报价。最后，玛丽一咬牙，说："就要两万美元吧。你想想看，建造一个实验室至少要这么多钱。"爱迪生说："两万？太高了吧！"玛丽见爱迪生犹豫不决，就说："要不然，我们在卖的时候先套套买家的口风，让他主动开价，然后再见机行事。"

当时爱迪生虽然说不上家喻户晓，但已经小有名气。一位商人听说爱迪生打算卖掉刚发明的自动发报机制造技术，就主动上门询问价钱。爱迪生坚持认为要两万美元太高了，觉得难以启齿，于是一直沉默不语。

商人催问了好几次，爱迪生始终不好意思说出口。最后商人终于忍不住了，就说："我给你开个价，10万美元，你看怎么样？"

商人的报价让爱迪生大喜过望，这个价格真是太出乎他的意料了，于是他毫不犹豫地当场和商人拍板成交。后来，爱迪生对妻子开玩笑说："真没想到我晚说了一会儿话就赚了 8万美元。"

心理学教授格瑞德·古德罗在《谈话的艺术》一书中写道："沉默可以调节说话和听话的节奏。沉默在谈话中的作用就相当于零在数学中的作用。尽管只是一个'零'，却很关键。没有沉默，一切交流都无法进行。"

一位著名心理学家认为，无声语言所显示的意义，要比有声语言多得多，而且深刻得多。他还列出了一个公式：人与人之间的讯息传递=7%言语+38%语气+55%表情。真正会说话的人，不仅要会用嘴说，还要懂得如何用"不说"来说，同时还必须会运用表情和肢体语言。

沉默是一种不说话的智慧，是一种比大说特说更有效的沟通方式。很多人不愿意在说服的时候保持一定的沉默，认为这样会让自己显得心虚或理亏。但事实上，在人生面临的无数关口中，你的适时沉默虽然不会让你像爱迪生那样多挣8万美元，但会给你思考的机会，给对方和你自己都留有余地，甚至在危急时刻创造力挽狂澜的奇迹。

日本DC公司的总经理山本村佑与我国一家公司在谈一桩生意时，我国方面已经知道DC公司正面临破产的威胁，于是就想用最低的价格买下DC公司的所有产品。

当我方向山本村佑提出这些要求后，山本村佑虽说已经濒临破产，但仍然表现得很淡定，询问秘书他去韩国的机票订好了没有，因为他明天准备去韩国谈一笔更大的生意。按照我方的设想，穷途末路的山本村佑此刻应该被困境折磨得焦头烂额，会答应他们的任何要求，但他们知道自己想错了。

山本村佑的冷静让我方一下失去了方寸，一时拿不定主意，急忙打电话寻求在国内的总裁的指示。正好当时我方急需这些产品，总裁权衡利弊，最终决定以原价购买DC公司的产品。

我曾看见一家大公司门口挂着这样一块牌子：要简洁，所有的一切都要简洁。通用电气公司的一位副总裁曾说过："我们在会议上投票表决，推销员为什么会失去推销机会，结果75%的人认为是说得太多了。"事实上，无论什么场合，很少有人会喜欢喋喋不休的人，甚至会引起他人的强烈反感。

初涉外交领域时，一位外交官曾携带自己的太太去应酬，但他的太太总是觉得很尴尬、很别扭。她出生在乡下，没见过什么世面，在满屋子博学多识、口舌如簧的人兴致勃勃地谈论自己丰富多彩的游历经历时，为了引起别人的注意，她拼命地找话题和他们聊天，不想傻傻地当个听众。但是，没有人对她的事情感兴趣，甚至没有人愿意和她说话。

有一天，她向一位很少说话却颇受欢迎的资深外交家说出了自己的困扰。这位外交家说："你必须学会约束自己的嘴巴，没什么可讲时千万不要勉强。多听别人说也挺好，善于倾听的人同样受欢迎。"

林肯就是运用这种"适时沉默"方法的高手。当他在谈话时说到一项要点时，为了给对方留下深刻的印象，他会身体微微向前倾斜，直直地盯着对方的眼睛，却什么话也不说。他说，这种突然而至的沉默更能引起听者的注意。

事实上，那些很有经验的演讲高手，在演讲时也经常使用这个方法。演讲者在讲台上一言不发，只是看着台下的听众，听众就会认为演讲者接下来要说什么重要的事，就会把注意力放在演讲者身上。当听众开始因不安而四处张望时，演讲者觉得时机成熟，便滔滔不绝地说起来。短暂的沉默会让对方感到不安，一旦不安解除，说服就会变得顺其自然。很多资深业务员也表示，适时的沉默经常让他们做成大额的交易，因为他们都知道，沉默往往具有更大的说服力。

话说得太多，不仅会让对方看穿自己的底牌，还可能会酿成大祸。聪明人都会管好自己的嘴，不会说太多废话。沉默的人大多会给人一种严肃、谨慎、权威的感觉，更能促成令人心悦诚服、无法辩驳的说服，因为沉默是最难驳倒的辩驳。

▶▶▶ 沉默是金

（1）相对而言，说话多的人比沉默的人更容易相处。

（2）如果你实在不知道该怎样说或者说什么，就干脆保持沉默，那样的话会让你看起来更难以捉摸。

“反面教材”更能说服人

引言 当你的正面说教遭遇瓶颈而无法再继续下去时，也许你可以换一种思路，用一种不常用的、令人无法接受的方式去劝说，往往能让你得到意外的收获。永远不要以为缺点需要你不断地掩饰，是你人生中的“污点”，实际上，只要运用得当，它同样可以成为你拥有成功事业和美好人生的利器。

如果你看见一个人站在楼顶上想自杀，你会怎么做？大多数人往往只会说“别做傻事”、“凡事想开点”等一些老套的劝解，事实上，对一个陷入绝望的谷底的人来说，这样的劝说起不到任何作用，反而会使他更加悲观失望，而无法真正打消自杀的念头。

相反，如果你说：“如果你真的想死，那就跳吧！”如果不出什么意外，你的这句话一定会加剧他内心的恐惧，因为他如何也没料到，他的生命在你眼里竟然那么不值钱，甚至希望他赶快死，而他原本并不是这样想的。这句话会导致两种结果，一种是那个人真的跳楼了，因为他无法忍受羞辱；

还有一种是那个人决定继续活下去，也是因为他无法忍受你对他的羞辱。你越想让他去死，他就越不能让你如愿以偿。不管是出于什么目的，那个人不再寻死觅活，这就是最好的结局。

这个劝说想自杀的人的方法就是我们常说的逆向思维。很多时候，我们总是按照业已形成的习惯处理事情和解决问题，但往往很难达到我们的目标，如果能换一种立场，从相反的角度去处理，事情或许就会出现令人意外的转机。在人类发展的漫长历史上，很多发明正是得益于“反面教材”。

古希腊有个神话：

宙斯给了潘多拉一个盒子，盒子里装着这个世界所有的罪恶和苦难。宙斯告诉潘多拉，绝对不能打开这个盒子。潘多拉很好奇，越是不让她打开，她就越想打开，看看里面装的到底是什么。结果，她打开了盒子，放出了世界上所有的罪恶和苦难。

心理学家认为，人类有一种探究的本能，遇事都想知道个究竟，以揭示其奥秘。就是这个本能激发了人们的好奇心，驱使人们去找到事情的真相。这种欲望被禁止的程度越强烈，人们产生的抗拒心理就会越大。每个人内心深处都潜藏着逆反心理，别人告诉你“不准看”，你就偏偏要看；别人告诉你“不准做”，你就偏偏要做。想自杀的人在听到别人“跳下去”的劝告时最终放弃了自杀的想法，正是由他的逆反心理所决定的。

一位时装店的经理不小心将一条高档呢裙烧了一个洞，其身价一落千丈。如果用织补法补救，虽然能蒙混过关，但这是欺骗顾客，万一被顾客识破了，就会声名狼藉。于是，这位经理突发奇想，索性在小洞的周围又挖了许多小洞，并精心地进行了修饰，还给它取了一个非常好听的名字——凤尾裙。很快，凤尾裙以惊人的速度赢得了女性消费者的好评，该时装商店也因此声名大振。

洗衣机的脱水缸的转轴是软的，用手轻轻一推，脱水缸就会东倒西歪。可是脱水缸在高速旋转时，却非常平稳，脱水效果非常好。在设计之初，为了解决脱水缸的颤抖和由此发出的噪声问题，工程技术人员想了很多办法，先是加粗转轴，最终失败。后来又把转轴加硬，还是失败了。最后，他们来了个逆向思维，弃硬就软，用软轴代替了硬轴，颤抖和噪声两大问题都解决了。

无论你在从事什么工作，如果你陷入了一筹莫展的艰难境地，用正常的方法无法解决问题时，你可以试着从相反的角度想出解决的办法。所谓的逆向思维，客观地说其实是一种创新思维。社会要发展，需要创新；时要前进，同样需要创新。没有创新，再先进的国家也会落后，再先进的技术也会有被淘汰的时候。

我们在前面说过，每个人都希望得到别人的称赞，但事实上，缺点也能成为一种说服力强大的反面教材。缺点不仅是人性格中的弱点，如果运用得当，同样能使人拥有成功的人生。

世界上有一个“矮人餐馆”。在这里，无论是经理，还是厨师、服务员都是身高不足1.3米的矮人，其中最矮的只有0.67米。他们的餐馆之所以闻名全球，主要得益于他们独具特色的服务方式。

当顾客光临餐馆时，一位大头小身子的矮人服务员立刻就会前来热烈地欢迎，笑容满面地双手捧上擦脸毛巾。当顾客坐在舒适的座位上后，另一位矮人服务员就会递过来几乎与自己一样高的精致大菜谱，供顾客点菜。他还故意做出一些滑稽的动作，惹得顾客们捧腹大笑。矮人殷勤周到的服务，使人顿觉胃口大开，因此赞不绝口。

这个餐馆的老板是美国人吉姆·特纳，他是个侏儒，身高只有1.1米。最初经营餐馆时，他和大部分酒店一样，招聘了一些年轻的姑娘和小伙子当服务员，结果却在激烈的竞争中生意惨淡。雄心勃勃地吉姆决定改变这一切，对餐馆进行彻底的改革。他说："在竞争中，经营者如果没有惊人的绝招，就只有失败这一条路。"

吉姆整天冥思苦想，终于意识到，要想从众多酒店中脱颖而出，就必须拥有自己的特色。那么，应该找什么样的服务员呢？一天，他在大街上看见了一个头大身子小的矮人。他顶多只有1米高，长得十分有趣，如果有这样的服务员，一定能引起顾客的兴趣。吉姆灵机一动，脑子里涌现除了一套完整的改革计划。

他把这个人拉住，问道："你叫什么名字？"

"比鲁。"

"如果你愿意去我的餐馆帮忙，我可以让你当经理。"

"我非常乐意，先生。"比鲁毫不犹豫地答应了。

第二天，比鲁就帮吉姆在报上登载了招聘启事，只招矮人，待遇优厚。在短短几天内，比鲁就招募了一支"矮人队伍"。在世界上绝无仅有的矮人餐厅诞生了，引起了很多顾客强烈的兴趣。很快，矮人餐厅的美名就传遍了全世界，吉姆因此取得了极大的成功。

我的邻居玛丽女士觉得自己生活得非常不幸，经常在我面前哭诉，说她的丈夫不关心她，孩子不体谅她。起初，我还是本着对人负责的态度劝慰她，但日子久了，我就觉得不耐烦了。有一次，她和丈夫争吵后又在我面前哭诉，我终于忍不住内心的愤怒，一本正经地说："既然你对你的婚姻和家庭这么不满意，那你最好还是离婚。这样你就能找个合意的丈夫了。"

事后，我为自己鲁莽的行动感到后悔，一直想找机会向玛丽女士道歉。一天，玛丽女士又来到我家，我诚恳地请求她的原谅，没想到她哈哈大笑道："我还要谢谢你呢，我的好朋友，听完你的话后我反思了很长时间，终于明白了一个道理，那就是我的丈夫和孩子事实上并没有我描述的那么糟糕。我一直把自己置于不幸者的地位，其实在不知不觉间已经给自己的眼睛和心灵蒙上了一层面纱，这才是我不幸的真正原因。从今以后，我要快快乐乐地过好每一天。”

当你在说服他人时，正面的说理可能会激怒对方，从而使得他的怨恨更深，因此就更难说服。但如果你改变传统的劝说方式，顺从他的意思去说服，效果一定会大不一样。

说服也需要不断创新

（1）一成不变的说服，会让人觉得如同嚼蜡，从而增加说服的难度。

（2）不要盲目地模仿别人，永远没有人比你更了解你自己，没有人知道什么样的说服方式更适合你。

（3）一种新奇的说法或一种不合常规的说服，往往会带来出人意料的效果。

第六章
自我激励，你可以说服任何人

说服一个人，可以视为一种偶然，并不是很难的事，真正难的是说服很多人，并且在说服的人生征途中永远立于不败之地。真正的说服高手，无惧对方的性别、年龄、社会地位，任何客观存在的外部条件都不会成为他们畏缩不前的理由，因为他们对各种说服技巧已经了然于胸，所以他们可以说服任何人。

如何在谈判中说服他人

引言

谈判，必定是以一方的退让或牺牲为结局的，总有一方赢，一方输，但其实则不然，一场成功的谈判，完全可以做到“双赢”，而这需要巧妙的说服技巧。

从坐在谈判桌边的那一刻开始，谈判的双方就站在了对立面。任何一方，说任何一句话的最终目的都是说服对方，但是在他们企图说服对方的同时，其实对方也是同样的心理：企图说服他们。如果没有高明的谈判技巧，就会在不知不觉中掉进对方设置的陷阱，从说服者沦为被说服者。

经验表明，感情因素在谈判过程中起着至关重要的作用。如果说服的双方关系熟络，感情融洽，说服起来就会容易得多；如果说服的双方相互很陌生，说服的难度就会明显增加。由此可见，要想成功地说服对方，首先必须与对方建立相互信任、互惠互利的良好关系。

以这个原则为导向，我们可以使用以下说服技巧。

1. 差异意味着无限的可能

个体的差异性决定，每个人都是一个极具个性的个体，都有自己的思维方式或价值观。几乎所有的人都认为双方存在差异不是一件好事，具有很大的风险，会令人讨厌和不悦。但事实上，双方之间的差异明显对谈判来说更好：更有利可图，更富有创造性。因为差异性越大，随之而来的看法、观点和选择就越多，就能使谈判更加成功，谈判结果更令人满意。

在谈判桌上，多问对方几个有关差异的问题，不仅能博得对方的信任，还能在无形之中将沟通的主动权转移到自己手中，从而使双方达成更理想的协议。

虽然大部分公司、国家和社会文明已经对差异表现出了深刻的痛恨，但伟大的谈判家们却对差异独有轻重。

2. 层层递进，才能更有效说服

有句俗话，叫"一口吃不成大胖子"。很多人在谈判失败后总结教训时得出这样的结论：他们急于求成，一次所提的要求太多。这会放大双方的差异性，使对方增加心理戒备，从而增加谈判的风险。

请记住，无论你们谈判的目的是什么，无论你们的差异有多么明显，都要表现出你的友好和热情，慢慢地向你的目标靠拢，从熟悉的到不熟悉的，从简单的到艰难的，从浅显的到深刻的，千万不能过于心急。如果暂时无法达成一致，可以等待合适的时机再解决。

3. 找准时机，用最强有力的事实驳倒对方

做任何事，说什么话，时机都是十分重要的。同样是一句话，如果说出来的时机不同，就会产生不一样的效果：一句话在合适的时机说出来，往往会达到意料之外的效果；相反，如果在不恰当的时机说一句正确的话，不仅不能实现预期的目标，反而会产生反作用。

4. 积极应对“老顽固”

事实上，无论是谈判还是在其他过程中，都可能遇到“老顽固”。他们固执己见，不会轻易接受他人的说服。尽管说服这类人需要花费更多的时间和精力，但是只要用对了方法，说服也会变得很简单。

（1）停顿。

当你费尽唇舌仍无法说服对方的时候，说明对方已经对你的说服产生了免疫性，继续说下去一点用也没有。既然短时间说服无望，倒不如适时停顿，给自己和对方考虑的时间。只要对方没有明确地拒绝你的说服，就会在这段停顿的时间里思考你的话。

（2）沉默。

如果对方提出了刁难性或你自认为无法接受的问题，过多的解释只会让你陷入更复杂的境地。事实上，此时的你可以选择性地回答那些有必要回答的问题，对那些不值得回答或反驳的意见则可以采取沉默的态度。如果是一些当时无法回答或模糊不清的问题，完全可以假装没听见，让抛出这个难题的人自觉无趣而闭嘴，这样他们就不会再坚持下去了。

（3）大度。

人类的自尊心决定了，一般人都无法接受他人的批评。如果坐在你对面的是一个自尊心很强的人，请记住，千万不要只盯着他的错误，更不要得理不饶人。此时，你可以大度些，既要承认他正确的地方，又要客观地帮他分析错误的原因，更要设身处地地安慰或鼓励他，尽可能地保住他的面子，这样他们就会放松心情，更容易接受我们善意的说服了。

（4）坚持。

任何说服不是靠一两句就能做到的，任何说服不是一两次就能做到的，因此说服需要的是你坚持不懈的精神和不屈不挠的耐力。在谈判中同样如此。

不要因为对方的拒绝就动摇成功的信念，否则，不仅是谈判，或说服任何人，在做任何事时，失败永远会像乌云一样笼罩着你。坚持就是一种力量，只有坚持到底的人才能得到命运之神的眷顾。

（5）平等互利。

永远不要寄希望于用赤裸裸的权力去强迫对方听从你的说服，最理智、最聪明的说服者，定然不会采取这种态度。

利益是谈判中最重要的议题，对那些企图强迫他人做违背自己意愿的事情的人们，没有人愿意与之打交道。只有当双方以平等的基础，在利益的杠杆上找到最合适的临界点，最大限度地实现双赢，才能保证谈判的成功。

如何营造良好的谈判气氛

（1）用合适的开场白引出谈判的主题，尽量使气氛显得更和谐、更融洽。

（2）根据谈判双方不同的生活习惯、民族文化等运用自然得体的动作。

（3）多点心思观察对方的表情语言，表达出自信以及友好、合作的态度，从而增加成功的几率。

如何在会议上说服他人

引言 集体讨论的议题才是最重要的，是最值得关注的，任何不和谐的个人因素都不能，而且不应该成为影响集体讨论结果的原因。

在集体讨论中，当你已经深陷以一敌百的艰难境地，除了你自己之外所有的人都联合起来反对你的时候，你仍然对自己的观点深信不疑、固执己见。这是最糟糕的情景。此时，你需要做的是赶紧闭上嘴巴，坐下来，冷静地想想你该怎样做才能扭转这个令人尴尬的局势。

如果你无法从周围的人中找到志同道合者，那么几乎可以肯定，你的观点或想法是错误的。没什么大不了的，冷静地思考一下，重新制定说服的主题，用最坚实的论据、最强有力的语言说服他人，也不是没有可能的事。

至于会议召开的目的，当然是为了针对某一件事达成一致意见。要达到这个目的，可以从以下方面着手。但是，请记住一点：集体讨论的议题才是最重要的，是最值得关注的，任何不和谐的个人因素都不能，而且不应该成为影响集体讨论结果的原因。

1. 紧扣中心议题

从会议进行的那一刻开始，你和支持你的团队就必须明确树立自己的目标，比如，你们想要完成什么，为什么想要完成这些，这样做的重要性表现在哪些方面。要知道，明确的目标直接决定了事件的成败。如果在会议中偏离了轨道，应该运用相关问题将其拉回正轨。

事实证明，无论是任何人，做任何事，制定了明确的目标，更有利于走向成功。从来没有一个人，能在自己尚且浑浑噩噩的情况下去说服他人的。如果一个语无伦次的人不小心撞到我的“枪口”上，我想我会毫不留情地鄙视他。这样的人也想说服别人，简直就是痴心妄想。

2. 认真地倾听他人的发言

如果你希望别人耐心地倾听你的发言，那么你首先就要表现出自己的诚意来：认真而耐心地倾听别人的发言。倾听是对他人的一种无声的尊重，是一个相互的过程。你若想别人尊重你，就要先尊重别人。

会议中难免会出现不一致的意见，一旦会议争论的双方进入了不再相互倾听，或只听不同的意见，或对他们听到的无中生有时，会议就基本上失去了继续下去的必要性，因为不可能达成任何有效的目标。

3. 求同存异

当会议的双方就某个问题发生了争议，不要着急，如果你们认真地分析，定然能从你们的众多特性和诉求中找到你们不曾意识到的共同点。争论越多，影响会议结果的潜在因素就越多，要想改变，最重要的是不以牺牲任何一方的利益为前提而找到一个平衡点，并为此达成共识。

当双方的利益产生冲突时，你首先应该问自己一个问题：“我能同意什么，我的底线是什么？”只要你们最终要达成的共识不会触犯你的底线，那就是完全可以接受的。同样，如果对方也是秉持着这种观点，说服就不是一件难事。正如我们在前面说过：说服的最佳结果是双赢。

在争论中，从来没有所谓的胜利者。即使你在争论中占了上风，说到底还是失败了。即使你是胜利者，那又怎么样呢？你洋洋得意的同时伤害了对方的自尊心，他会因此而更加坚持自己的观点。要知道，有主见的人从来不会改变自己的初衷。

4. 多设想几种可能

多设想几种可能，说明你对这次会议准备得很充分。即使面对很多反对意见，如果你总是能拿出更多的解决办法或备选方案，会议成功收尾的几率会大得多。一条道走到黑的人，最终不仅无法说服任何人，还可能成为令人讨厌的执拗的代言人。

5. 绝不可少的礼貌用语

如果情绪激动，就会将心平气和的讨论引入激烈的争论的境地。争论永远无法解决任何问题，企图用争论时的大嗓门来说服对方的人，无疑是愚蠢的、可笑的。要记住，会议从来不是争论不休、硝烟不断的战场，而是解决问题或寻求共同点的场所。

因此，在会议上，礼貌的用语是必不可少的，绝不能用敌对和侮辱性的言论伤害对方。要知道，礼貌好比你心灵的一件衣服，是一个人品德、修养和风度的最佳展示。很多时候，说服他人靠的不是灵巧的口才，而是让人听起来心悦诚服、心情愉悦的话语，而这些话语之所以能达到如此美妙的功效，直接取决于一个人品德、修养和风度。

6. 绝不要责难任何人

与其将唾沫花费在对他人的责怪和埋怨上，倒不如多花点时间和精力去想办法解决问题。一旦问题发生，很多人的第一反应就是推卸责任，但是，一个推卸责任的组织注定无法获得成功，无论付出多少努力，都不会有好的成效。

一般来说，当问题出现时，一个致力于在第一时间内找到解决方案的组织和个人，比只会一味地推卸责任、埋怨他人的组织和个人更有说服力。这样的组织，更能创造一个有活力和创造力的环境，最大限度地激活成员的积极性，使成员呈现最佳的工作状态；这样的个人，更容易给他人留下勇于负责的良好印象，而这本身就是一种强大的说服力。

▶▶ 怎样才能成为会议的焦点

(1) 确保你的观点正确无误，要知道，一个漏洞百出、经不起推敲的观点，会极大地削弱你的说服力。

(2) 说得多，说错的机会自然就会增多，但是多听别人的意见，绝对没有害处。

(3) 时刻保持谦恭的态度，因为每个人都有优点，每个人都有值得你学习的地方；自傲、自大的人，即使有一些人围着他身边，迟早也会因为忍受不了而离开的。

如何说服固执的下属

引言 领导凭借自己的“威慑力”，强制性地“说服”下属是一件很容易的事，但是聪明的领导从来不会犯这样低级的错误，因为这样的强迫性的说服，只会让下属口服心不服，毫无意义。

作为领导，最高兴的事莫过于拥有聪明、工作能力强的下属，而最痛苦的事莫过于遇到固执的下属。

说服固执的下属，必然要费一番工夫，不仅需要纯熟的表达技巧，更要具备一套健全的说服“策略”。

约翰逊先生在西雅图经营一家服装公司，但是经营状况一直不好，入不敷出，甚至还拖欠了1000多名下属的工资。尽管如此，还是有很多工人提出加薪的要求。

他们当然没能如愿以偿，因此不满的情绪日益高涨，公司的业绩也随之每况愈下。

对服装公司来说，公司员工的薪金在企业成本中占有相当大的比例。因此，为所有的员工加薪，对目前的约翰逊先生来说几乎是不可能的。为了尽可能地减少不必要的开销，约翰逊先生多次裁员，直到实在无法再多解雇一个人了，否则就会影响公司的正常运转。

陷入如此绝境，约翰逊先生不仅没有答应下属加薪的要求，反而做出了一个惊人的决定：全体员工降薪3%。

这则消息，彻底点燃了下属们内心的怒火，越来越多的人失去了工作的积极性，公司的生产效率因而大幅下降，几乎处于瘫痪的状态。不满归不满，真正提出辞职的人并不多，因为当时的经济形势普遍不景气，要想要一份工作并不容易。

五天后，下属们都盯着约翰逊先生看。约翰逊先生意识到时机已经成熟，于是召集全体下属开会："在这五天里，我几乎茶饭不思，站在你们的立场上，认真地考虑你们的实际情况。我还和公司各部门的负责人进行了商谈。我想说的是，我决定收回降薪3%的决定。为了降低企业的成本，我们将竭尽全力想其他解决办法。"此时，早已暗自做好降薪准备的下属们心里的石头落地了，他们终于能再次安下心来工作了。

从最初的加薪要求，到被迫降薪，再到恢复原薪，在这个大起大落的过程中，下属们从对约翰逊先生的埋怨，变成了对他的感谢，因为他"懂得站在下属的立场考虑，是一位不错的老板。为这样的好老板做事，每个人都十分乐意"。聪明的约翰逊先生，正是抓住了下属的心理弱点，几乎不费多大力气，就成功地说服了他们。

不管你愿不愿意，固执的下属都是你无法跨越的难题。事实上，要说服固执的下属并不难。下面的几个建议或许会对你有些帮助：

1. 耐心

这个方法适用于对任何人的说服。说服固执的下属，对领导来说注定会是个艰难的过程，但是只要你坚信自己会成功，并用自己聪明的头脑和伶俐的口舌，就一定能说服任何人。请看清，我们这里说的是任何人，不是一个人或者很多人，而是任何人。

再固执的下属，也最终会臣服于有耐心的真诚的说服之下。要说服这样的下属，最聪明有效的做法是先肯定他的想法，再寻找合适的时机或突破口将你的观点推给他。你必须不断耐心地向他解释，直到他完全了解为止。有时候，说服并不是一次就能成功，这就更需要你坚持不懈的努力。

2. 赢得对方的信任

一般来说，被说服者能否接受别人的意见，与说服者在他心目中的印象有关。比如，如果被说服者认为说服者德高望重，很信服他，自然而然就会听从他的说服；如果说服者在别人面前总是一副高高在上、冷若冰霜的面孔，被说服者就会在内心深处产生一种抗拒感，不愿意接受他的任何想法。

因此，要想成为一个强有力的说服者，必须首先具备足以使人信服的形象，与下属建立良好的关系和深厚的感情，往往能在关键时刻起到重要作用。

3. 用真诚的态度感动对方

被说服者之所以拒绝他人的说服，无非是担心自己的利益受到损害，所以才在与人交往时在自己的心灵外面筑起一道高墙，保护自己不受伤害。如果不打开他们的心锁，他们不会接受任何人的说服。

因此，要说服这些固执的下属，就要付出自己的真心，用诚挚的态度和热烈的情感去感动他们，从而使他们自内而外地改变自己的态度。有情有理的说服，才能让人心甘情愿地接受。

4. 拐个弯说话

即使意识到了自己的错误，恐怕也没有几个人会勇敢地站起来承认自己错了。下属在被领导者指出错误时，也会有同样的心理。直言不讳地指出下属的错误的领导，绝对算不上是聪明的领导。最好的办法是让下属清楚地认识到自己的错误，从而自愿改正。

如何有效地与下属进行沟通交流

(1) 用简洁、有力的话表达你的意思，让它们有效地传达到下属的脑海中去。

(2) 随时和下属进行谈心，这是最直接、最有效的沟通方式，能及时了解下属的想法和意见，是防患于未然的一个重要方法。

(3) 对下属进行有效批评，但要记住，批评的目的是为了让他们改正错误，因此要保持平静、公平、公正的态度。

如何说服不同的女性

引言 不同的说服对象，要用不同的说服方法，而面对众多的女性，你需要更巧妙的方法。

一千个女性，就有一千种魅力，每位女性都有自己独特的性格特点。对大多数人来说，女性较容易多愁善感、复杂多变，因此更难以说服。但事实上，情绪变化较快的女性更容易说服，但前提是你得读懂她们的心思。

1. 当对方是自卑懦弱的女性时

心理学家说，自卑是一种自我保护的心理机制，就像我们遇到强大的对手，会俯首称臣一样，且在心理上会产生“我不如对方，我的力量较小”这类自我否定的负面想法。

自卑的女性大多没有主见，没有原则，对自己的外貌等没有信心。如果你要说服这类女性，最好的办法就是充当主导者，给她们一个杯子或容器，热烈地鼓励和赞美她们，让她们自觉、主动地产生强烈的自信和。

如果将工作托付给这样的女性，她们难免会产生“我没办法完成”，

“好像很难”的想法，因此不断推脱或拒绝。真的是因为她们的能力不够吗？当然不是，其实是因为她们没有自信。在这种消极的心理暗示下，即使她们原本和他人一样能很好地完成自己的工作，结果也不会尽如人意。

因此，面对这样的女性，你要充当一位情绪的引导者，用你们热情的充满激励的语言发掘她们的优点，推动她们不断地努力，以期实现。要做到这一点，你必须从心底里信任她们，先说服自己，然后才可能说服她们，激发她们的内在潜能，从而达到你说服的目的。

2. 当对方是强势的大女人时

一般来说，强势的女性很骄傲、自我，总是习惯于从自己的角度思考问题，总是要求别人按照自己的意见行事，因此，要说服她们可不是一件容易的事。如果这些女性对你而言只是无关紧要的人还好，你完全可以装作视而不见、充耳不闻；但如果她们正好是你的重要客户或联络人，甚至是掌握着你的生杀大权的人时，你就得小心应付了。

强势的女性必然具有强烈的自尊心，并自认为拥有很大的优越感。与强烈的自尊心结伴而行的，就是强烈的恐惧。自尊越多，恐惧就越多。与此同时，她们潜藏在内心深处的自我保护意识会时刻在她们心里发出警报，提醒她们保护自己、维护自己的利益。

这类女性大多固执己见，难以说服，千万不要试图用“以强克强”的方法去征服她们，因为她们绝对不会心甘情愿地臣服。其实，对于这种将喜怒哀乐置于脸上的“直线型”的女性，首先要肯定她们的想法，再顺着她们的意思，投其所好，一定能让她们高高兴兴地接受说服。

说服这类女性有一个基本原则：她们强势，你就柔弱，并且将她们强势的程度和你柔弱的程度构成正比，她们越强，你就越弱。这样就能化解矛盾。但要记住一点，退让是有一定限度的，过分退让会让她们觉得你软弱可欺，因此，你要好好把握时机，该强的时候就强，该弱的时候就弱。

3．当对方是交际高手时

如果你不幸遇到了一位交际高手，她们已经具备了熟练的说话技巧，因此很容易就能和他人搭话。这样的女性性格比较外向，工作态度积极，但常常会给人注意力不集中的印象，而且比较缺乏耐心，会让人感觉不到安全感。

面对这样的女性，如果是那些在短时间内就能完成，而且难度不大的工作，你可以托付给她们；如果是那些需要用大量的时间且专心去完成的工作，你就要有足够的耐心为她们说明工作内容，并且，你还要时不时地跟踪她们的工作进度，并及时地做出指正，她们才容易接受。

4．当对方是妥协性强的女性时

这类女性最突出的性格特点就是没有性格，她们从来不会坚持自己的意见，总是习惯于顺从他人的意见。她们的优点是表面上不会反抗，缺点是你交代或托付的任何事，她们都不会真正用心去做，因此她们很少能从工作中感受到快乐。工作对她们来讲，可能就是工作，为的只是一份薪水和安定感。

这样的女性表面上看起来很容易说服，而且她们无论听到什么话都会随声附和，但实际上，这类满足于现状的女性更期待的是一份稳定感，不希望自己当前的生活被人打扰。如果你试图说服她们接受其他的工作，可能会比说服其他女性更难，因为她们从内心深处就拒绝接受。

这类女性的弱点就是薪水和安全感，这就是你用来说服她们的最佳筹码。

5．当对方是很有主见的女性时

有主见的女性是这样的：她们从来不会为了要穿什么、要吃什么、要去哪里而困惑或苦恼。这类女性个性鲜明、倔强固执，与其拐弯抹角地说服，倒不如正面出击，把所有的话都摊开来说，她们反倒更容易接受。

如何才能真正赢得女性的心

（1）与理性的男性相比，女性更感性，更容易被打动，要想赢得她们的心，就要真诚地赞美她们。

（2）要爱她们，并且欣赏她们，还要大声地说出来，反过来，她们一定会像你对她们那样对你的。

如何说服“难缠人士”

引言 所谓的困难，都是人类强加到自己头上的。善于说服的人，从来不会感到困难的存在。

任何事情都不会是一帆风顺的，任何人都会在说服的过程中遇到形形色色的人和各种各样的问题，那些不愿意听取他人的意见，不轻易被说服的人往往就是我们常说的“难缠人士”。说服这类人虽然有一定的难度，但只要掌握了一定的技巧，你会发现说服其实并没有你想象的那么难。

技巧一：“增高鞋”效应让说服变简单

人生来就喜欢赞美之言，但直接的赞美往往会让人觉得因为过于直白而显得很虚假，这会直接影响说服的最终结果。在说服别人时，如果适时地抬高对方，再难说服的对象也会向你臣服，再艰难的事情也会变得顺利起来。

约翰·强生是我国著名企业家。有一年，他决定在芝加哥为他的公司总部兴建一座办公大楼。为此，他出入了无数家银行，但没有一家银行愿意帮助他。于是，他聘请了一位承包商，并用自己设法筹集的200万美元现金作为开工建造的资金，然后再去筹集剩下的500万美元。如果在200万美元用完之前没贷到款，承包商就会停工待料。

当资金只能再坚持一个星期时，约翰恰好和大都会人寿保险公司的一位主管一起吃饭。他拿出经常带在身边的一张蓝图，试图激起这位主管对建造大楼的投资兴趣。还没等他拿出来，主管就对他说："这里谈话不方便，明天到我办公室谈。"

第二天，主管兴高采烈地告诉约翰，大都会公司同意为他提供抵押贷款，约翰说："好极了，但我希望你们今天就能明确地告诉我能提供贷款。"

"这根本不可能，我们从来没有过这样的先例。"主管回答。

"以前没有，不代表以后永远没有。你是这个部门的负责人，或许你可以试试看，我相信以你的能力，在一天之内办妥这件事没什么问题。"

主管得意地笑着说："好吧，那我试试看。"

果然不出所料，事情进展得很顺利，约翰如愿当天就得到了贷款的承诺。约翰的成功在于，他巧妙地抬高了主管的身份，不露痕迹地把重担转移到了主管身上，激起了主管证明自己能力的热情，最终说服成功。

技巧二：有指向的选择是购买欲的催化剂

有过销售经验的人都知道，推广产品时绝不能问消费者要什么，而是要问："你是要A还是要B？"据统计，运用这种指向明确的询问方式，销售率能平均提高五到六成。

很多人会有这样的经历，去商场或超市往往并不是为了买东西，而只是纯粹地想看看。面对这些看似购买欲不强烈的顾客，一些销售员会置之不理，而经验丰富的销售员三言两语就能将顾客引进自己设置的陷阱。他们的策略其实很简单，只不过微笑着变换了一种询问方法："先生，我们刚上了一批新款，我觉得有一款非常值得你试用一下，请问您喜欢蓝色还是白色？"顾客一般会说："好的，帮我拿一件蓝色的吧。"

接下来，你可以继续让对方做“选择题”，这种让顾客没有退路的方法，大多数情况下都能奏效。相信很多人都会有和我一样的经历，明明不想买东西，却在销售员的劝说下买了一大堆并不实用的东西，这就是因为他们将“选择题策略”运用得恰到好处。

技巧三：在对方挑剔之前先堵住他的嘴

迈克尔曾经是一家汽车用品公司的资深推销员，他在员工大会上谈到自己的销售经验时曾说：“我认为，挑剔的人更容易说服，那至少说明他们对我们的产品感兴趣，并且有一定的了解。那些什么都无所谓的人表面上看起来很好说话，实际上却很难说服。”

迈克尔还提到，对付爱挑剔的人，最好的办法就是先聆听再说服。每个人说任何一句话都是有目的的，同样，这类人的挑剔肯定是事出有因，经验老到的销售员会从他们的抱怨和挑剔中捕捉到他们内心的真实诉求，在肯定他们看法的基础上有针对性地化解他们的担心，再开门见山地说服他们。

爱挑剔的人会给人一种强势的感觉，要说服他们，首先就要成为他们的“心理治疗师”和“情绪垃圾桶”，他们倒完心里的垃圾的时候就是说服成功的最佳时机。

技巧四：以退为进，解除对方的心理防线

说服专家一致认为，说服的第一要则是得到对方的信任，信任是说服的基础。人类是情感动物，只有面对信任的人，才愿意敞开自己的心扉。在涉及金钱、利益等方面的问题时，业务员首先要做到的就是取得对方的信任，否则就无法说服对方，从而使他掏腰包。

说服并不总是需要业务员时刻保持“进攻”的姿态，“以退为进”的策略往往会很有用。对此，一位优秀的保险推销员是这样说的：“很多业务员急于求成，想说服每个与之交谈的人购买保险，他们大多数都遭到拒绝了。我从来不会让顾客产生被强迫的感觉，而是主动做出让步，建议他们先了解其他公司的相关业务。换位思考，如果我是顾客，也会信赖这样的业务员。”

巨大的期待落差，反而让对方产生了信赖，觉得你是好人。因此，面对对方的不信任时，不如后退一步，站在对方的立场说话，取得对方的信任，那么说服就会进行得更顺利。

技巧五：消除爱猜忌之人的不安

一般来说，天生就小心谨慎的人或有过被骗经历的人猜疑心都很重，说服他们最简单的办法就是“信用”二字。这类人的时间观念都很强，并且很重视承诺，如果你没有在约定的时间内兑现承诺，他们就会自动把你拉入“信用黑名单”，你就无法再说服他们。

乔治是安利公司的推销员，通过电话与一位女士达成了购买意向，他们约定在当天下午2点为女士送货上门。但路上发生了车祸，道路被挤得水泄不通，乔治只好跳下公交车步行，2点半才到女士家。结果，女士不在家，门上贴了一张字条：对不起，我从来不和不遵守约定的人来往！

不守信用，其实是对人的不尊重，没有人会被不尊重自己的人说服。疑心重其实正好说明他们具有被说服的“潜质”，有合作的意愿，只要找出让对方疑心的根源，成功的几率就会大大提高。

▶▶ 没有说服不了的人

（1）说服专家在说服一个人时，总会在心里告诉自己：“加油，没有你说服不了的人。”结果，奇迹发生了，他们真的说服了每一个他们想说服的人。

（2）说服不了别人，不应该从别人身上找原因，因为最重要、最本质的原因都源自于你自己。

如何说服不听话的孩子

引言 在你不得不因为某一件事责备你的孩子时，请你再认真想想是否真的要这样做。要知道，责备是最没用的说服方法，只会使孩子离你越来越远。

利文斯登·劳拉德在《家庭纪事》上发表了一篇短文，虽然这只是他一时冲动下完成的作品，却仍然打动了很多读者，以至于成为众人都喜欢的一再被转载的文章。

不体贴的父亲

我的儿子，你听到了吗，我想在你熟睡的时候说几句。

你躺在床上，小手按在脸颊上，湿湿的金黄色卷发粘在你那出了些许汗水的额头上。我刚才一个人悄悄地走进你的房间。当我几分钟以前在书房读报时，我突然感到十分懊悔，觉得难以呼吸。我是怀着愧疚之心来到你床边的。

我的儿子，我想到了许许多多的事情：我对你的态度确实太凶了。在你穿衣服上学的时候我会呵斥你，因为你只是用毛巾随便擦了把脸；在你没有擦干净鞋子的时候我也会对你大发雷霆；当你把东西丢在地板上时，我又会冲着你大喊大叫。

在早餐时，我又发现了你的毛病：你把食物溅在了桌上，吃饭时没有一点修养，还把胳膊肘放在桌子上，甚至在面包上涂了厚厚一层黄油。当你出门去玩而我要去赶火车的时候，你转身朝我挥挥手，响亮地说："爸爸，再见！"我却皱着眉头告诉你："挺起胸膛！"

晚上，一切又重新开始了。我在路上就看见你跪在地上打弹珠，你的长筒袜磨了好几个洞。我当着你的伙伴的面押你回家，让你感到了羞辱。我还对你说："袜子是要花钱买的，如果你自己掏钱，我想你会在意了。"唉，我这当父亲的居然对你说出这种话来！

你还记得吗？没过多久，当我在书房读报时，你小心地走进来，怯怯地看着我，眼睛里满是委屈。我从报纸的上面看到了你，对你来打搅我感到十分不悦。只见你站在门口，有些犹豫。

"你想干什么？"我恶狠狠地问。

你什么也没说，只是突然朝我跑过来，以上帝也为之感动的爱，搂住我的脖子亲吻着我，然后又用小手紧紧地抱了我一下。之后你离开了，快步走向楼梯上楼了。

在你离开不久，我的儿子，我的报纸从手中滑落在地，一阵令人难受的强烈愧疚涌上了我的心头。我真是受习惯之害匪浅——吹毛求疵并且动不动就斥责，这就是我对你这个小男孩的报偿！我不是不爱你，我的儿子，一切都是因为我对你的期望太高了，并以我自己的年龄标准来要求你。

然而，在你的天性中却充满着真、善、美。你那颗幼小的心灵就好像包舍并照亮了群山的清晨的阳光——你跑进来亲吻我，向我道晚安的内在冲动表明了这一切。其他都不重要了！我的儿子，我在黑暗中来到你的床边，内心充满愧疚地跪在这里。

我这不过是一种没什么作用的忏悔。我知道，当我在你醒来的时候告诉你这些时，你也不会明白。但是我要从明天开始做一个真正的父亲。我要成为你的好伙伴，在你痛苦时我帮你分担，在你欢笑时我和你一起分享。我不会再说那些不耐烦的话，我会不停地、庄重地说："他只是个孩子，一个小男孩！"

我想我以前是将你当大人来对待的。但是，我的儿子，当我现在看到你蜷缩着睡在你的小床上时，你只是个婴儿。你在母亲的怀里，头靠在她肩上，那些情景犹如发生在昨天。我以前对你太苛刻了，太苛刻了！

几乎全世界的父母都一样，总是想当然地认为孩子的一切行为都是不合理的，而自己所有的言行都是正确的，于是苦口婆心地劝说孩子。但是，结果呢？用他们的话来说就是："我们家的孩子简直是太不听话了，我说什么他都不听。"

当孩子犯错时，父母的第一反应往往是责备。如果孩子打碎了家里的玻璃，或者在回家的路上和同学打架，以至于弄得满脸是伤。严厉的父母多半会用令人恐惧的语气质问道："你为什么要这样做？不是跟你说过了吗，离玻璃远点，它会划破你的手。"或者是："为什么要和同学打架？不是跟你说过了吗，要和同学们好好相处，做个乖孩子。"

此时，盛怒的你或许还没意识到自己的大声喊叫有什么不妥，因为你其实是出于对孩子的疼爱之心。迫于父母的威慑力，大多数孩子会承认自己错了，并保证下次再也不会这样了。但说实话，真正能说到做到的孩子并不多，那是因为你的吼叫和责骂并没有让他们清楚地认识到自己的错误。也就是说，问题不在他们身上，而在你身上。

也许，你可以试着和颜悦色地对孩子这样说："宝贝，爸爸妈妈不是早就告诉过你吗，玻璃碎片会割伤你的，你疼，爸爸妈妈会心疼的。"或者是："宝贝，同学就是你的好朋友，对他们友好一点，他们自然就会对你友好了。如果再有人欺负你，你可以把他带回家，爸爸妈妈保证会让他和你成为好朋友的。"

孩子不好好吃饭，不好好完成作业时，总之，当孩子不听话的时候，父母最常见的表情往往是愤怒。但事实上，如果你想让你的孩子听话，根本用不着拿你因愤怒而变得狰狞的面孔吓唬他。因为，你的愤怒只会让他产生短暂的恐惧。

也许，你可以换一种方式去说服你"不听话"的孩子，效果可能会大不一样。比如，你可以这样说："宝贝，你们班上个子最高的那个男孩是不是叫哈里？我前几天遇到了他妈妈，并向她请教了哈里长得这么高的原因。哈里的妈妈告诉我，哈里非常喜欢吃饭。我想，如果你也能好好吃饭，很快就能和哈里一样高。"恐怕就连你自己也想不到，只是一句激励的话，就能让你的孩子乖乖地吃饭。

没错，事情就是这么简单。这完全是孩子的天性使然。说到天性，我们不得不提提人类的本性——喜欢赞美、鼓励的话。就连我们成年人也有这样的心理诉求，我们又有什么理由去忽视或指责孩子呢？毕竟，他们只是孩子，只是单纯而且美好的孩子！

▶▶ 不要让你的惯性思维害了你

（1）不管是大人还是孩子，事实上，就连最受人敬仰的伟人，也有犯错的时候，所以不要对孩子如此苛刻。

（2）不要理所当然地为自己的指责和谩骂戴上一顶好看的帽子，那样的话说得多了，早晚会伤害孩子。

（3）当你的孩子做出了你认为不合理、不正确的行为，换个角度想想，也许，错的并不是他，而是你自己。

如何劝解吵架中的父母

引言　孩子是男女双方爱情的结晶，也是父母发生争吵时最好的调和剂。夫妻双方吵架时，孩子的劝说往往是最有效的。

似乎只要有人的地方就会有争吵，就连世间最美满的家庭，一样少不了争吵的声音。争吵是在所难免的，但是夫妻双方在孩子面前发生激烈的争执，对孩子而言是非常大的伤害，有时甚至会在孩子心目中留下不可磨灭的负面印象。

孩子是男女双方爱情的结晶，也是父母发生争吵时最好的调和剂。夫妻双方吵架时，孩子的劝说往往是最有效的。

如果你的父母吵架了，作为中间人的你应该保持冷静的头脑，绝不能偏向任何一方，绝不能把自己当成局外人，冷眼旁观、毫不过问，更不能不弄清楚情况就大吵大闹、责怪双方，这样做最直接的结果就是把两个人吵架变成三个人吵架。

处于争执中的人往往是最敏感的，也许一句在平常听来很普通的话，也可能激起他们强烈的反应。你偏袒任何一方，都会对另一方造成伤害，从而遭到责骂。父母是孩子最亲近的人，孩子在劝说吵架的父母时必须站在中间，不偏不倚，耐心劝说。

1. 谎言的力量

如果仍然沉浸在刚才的争吵中无法自拔，双方就会因为自己的面子而选择互不理睬。此时，他们最需要的就是你的劝说。

对父亲，你可以采用这样的方式："爸爸，你是大度的男士，就不要为一点小事和妈妈争吵了。"对母亲，你则可以这样说："妈妈，我刚刚去教育爸爸了，他承认都是他的错，让我替他来向您道歉。"

我相信，尽管你的父亲还在气头上，或者并没有真正意识到是自己的错，也会在你的劝说下主动向对方示好的。

2. 请求第三人的帮助

吵架后，即使双方都为自己的冲动而后悔，但是碍于面子，也不会主动向对方示弱。这就需要你在中间说和，甚至找理由，让父母重归于好。

比如，你可以这样说："爸爸、妈妈，我前几天给爷爷奶奶打电话了，他们说今天要来家里吃晚饭。家里没什么菜了，难得爸爸也在家，我们就一家三口去买菜吧。顺便让别人看看，我们家是多么幸福。"听到你这么说，父母也不好意思再僵持，马上就会高高兴兴地出去买菜了。

3. 用眼泪感化父母

父母最疼爱的，莫过于孩子了。如果你尽可能在父母面前表现得很惨，疼爱你的父母多半会因为对你的愧疚而决定向对方示好。

事实上，你的成功说服并不取决于你的聪明才智，而取决于父母对你的疼爱。无论是什么原因，无论是什么时候，当你面对争吵的父母时，都要非常有耐心，还要讲究一定的语言技巧。一旦说错话，就可能使矛盾更加激烈，起到反作用。

⏩ 爱情，要靠两个人来经营

(1) 当你要发表意见的时候，考虑当时的谈话气氛。

(2) 承认自己的错误可以帮助你说服他人，因为这会使他以你为榜样。

(3) 不要固执地认为你的看法就一定是对的，主动让步会更有说服效果。